Susanne Balázs
WIRKSTATT KÜCHE

Susanne Balázs

WIRKSTATT KÜCHE

Ganzheitlich gesundes
Kochen und Backen

Appenzeller Verlag

1. Auflage, 2009

2. überarbeitete und erweiterte Auflage, 2012

© Appenzeller Verlag, CH-9101 Herisau

Alle Rechte der Verbreitung, auch durch Film,
Radio und Fernsehen, fotomechanische Wiedergabe,
Tonträger, elektronische Datenträger und
auszugsweisen Nachdruck sind vorbehalten.

Satz und Druck: Appenzeller Druckerei, Herisau
Fotos: Martina Basista
Bindung: Schumacher AG, Schmitten
ISBN: 978-3-85882-489-9

www.appenzellerverlag.ch

All jenen gewidmet, die die Verantwortung
für ihre Gesundheit selbst wahrnehmen wollen.

Inhalt

Gerichte mit Fleisch 133

Tofu-Rezepte 139

Saucen 145

Brot, Waffeln und Pizza 159

Mit unserer Ernährung stimmt etwas Grundlegendes nicht

Spätestens seit das zunehmende Übergewicht in der Bevölkerung auch auf unsere Kinder übergegriffen hat, ist es alarmierend klar geworden, dass mit unserer Ernährung etwas Grundlegendes nicht stimmt. Bereits vor 100 Jahren haben die völkerkundlichen Forschungen von Dr. Weston Price zweifelsfrei bewiesen, dass die Zivilisationskost gesundheitsschädigend ist. In neuester Zeit wurde nun auch geklärt, wie der immer mehr zunehmende Konsum raffinierter Kohlenhydrate über eine Insulinresistenz die Hauptverantwortung trägt für Zuckerkrankheit, Fettstoffwechselstörungen, Herzkreislaufkrankheiten bis hin zu gewissen Krebsleiden. Nicht genug damit: Die Veränderung unserer Lebensmittel durch einseitige Züchtung, Massenproduktion und Manipulationen durch die Nahrungsmittelindustrie hat weitere Gesundheitsstörungen geschaffen. So leiden fast 40 Prozent der jüngeren Bevölkerung an typischen Allergien (Typ I). Es wurden aber auch andere Nahrungsmittelunverträglichkeiten festgestellt (Typ III und IV), die mit Krankheiten wie Neurodermitis, Migräne, Erschöpfungszuständen, Muskel- und Gelenkschmerzen, Reizdarm und bei Kindern mit teilweise markanten Verhaltensauffälligkeiten einhergehen. Bei all diesen Störungen können Besserungen durch diätetische Massnahmen erreicht werden. Die IgG-Testungen, obwohl von der Schulmedizin noch nicht allgemein anerkannt, sind hier eine grosse Hilfe in der Diagnostik. Wie kann es aber zu Antikörperbildung auf normale Nahrung kommen? Der Darm, in dem die Nahrungsmittel bis auf ihre Grundbausteine abgebaut werden sollten, ist heute bei vielen Menschen erkrankt. Die Immunabwehr im Darm (MALT, sIgA) ist geschwächt, die Schleimhaut durchlässiger, und eine Floraverschiebung (Dysbiose), oft mit Pilzvermehrung, ist zu finden. Durch eine so veränderte Schleimhaut dringen nicht ganz verdaute Nahrungsbestandteile ins Blut, oft mit gravierenden Krankheitsfolgen. Zur Therapie ist in erster Linie eine Diät mit Ausschluss der stark belastenden Nahrungsmittel notwendig.

Seiten 10/11:
Karotten-Suppe
mit Amaranth.
(Rezept Seite 105)

Hier ist nun das Buch von Susanne Balázs eine ausgezeichnete Hilfe. Eltern und Betroffene werden aufatmen. Sie können hier ihr oft noch nicht ausreichendes Wissen vertiefen und die Diäten in der Küche in schmackhafter Weise umsetzen. Nachdem in den ersten Kapiteln die verschiedenen Nahrungsmittel in sehr kompetenter Weise behandelt werden, lesen wir über Gewürze, welche auch zur Verbesserung der Verdauung sehr wichtig sind. Nach einigen, von vielen wichtigen Tips durchsetzten weiteren kleinen Kapiteln folgt das Kernstück des Buches: Es sind die vielen ausgezeichneten Rezepte, die für fast jede Diät gute und praktikable Kochempfehlungen bereithalten. Ich werde dieses ausgezeichnete Buch, welches eine wichtige Lücke schliesst, sehr gerne empfehlen, denn es wird die praktische Verbreitung gesunder und heilsamer Kost nachhaltig fördern.

Dr. med. Victor von Toenges,
Paracelsusklinik Lustmühle, Teufen

Die Verantwortung für die eigene Gesundheit übernehmen

Immer mehr Patientinnen und Patienten in meiner Praxis für Biologisch-Ganzheitliche Medizin leiden an Nahrungsmittelunverträglichkeiten. Das Immunsystem des Verdauungstrakts dieser Menschen ist überfordert. Dieses muss sich mit immer mehr fremden Stoffen beschäftigen, die wir mit der Nahrung aufnehmen. Diese fremden Stoffe stammen aus landwirtschaftlichen Produkten, aus der verarbeitenden Nahrungsmittelindustrie und aus der verschmutzten Umwelt.

Im praxiseigenen Labor untersuchen wir im sogenannten IgG-Test, welche Lebensmittel vom Patienten oder von der Patientin verdaut werden können und welche nicht. Die Liste der getesteten Lebensmittel umfasst derzeit 264 Positionen. Die Ergebnisse dieser Tests zeigen immer wieder von neuem, dass Lebensmittel, die bislang als unbedenklich, ja sogar als besonders gesund galten, plötzlich individuell als unverträglich angesehen werden müssen.

Die meisten meiner Patienten und Patientinnen stellen nach dem IgG-Test ihre Ernährung rigoros um. Der Abschied von alten Gewohnheiten bedingt zwar einige Disziplin, doch als Lohn für die Anstrengung winken das Verschwinden chronischer Beschwerden, ein neues Körpergefühl und mehr Lebensenergie.

Doch einfach ist eine grundlegende Ernährungsumstellung nicht. Was heisst es, wenn plötzlich beispielsweise ohne Kuhmilch, ohne Hühnerei, ohne Weizen und mit wenig Fleisch gekocht werden soll? Hier hilft das Buch von Susanne Balázs: In einem ersten Teil weist sie grundsätzlich auf die Bedeutung des Essens für die Gesundheit hin, und im grossen Rezeptteil tritt sie den Beweis an, dass die nahrungsmittelverträgliche Küche ebenso sinnlich und gluschtig ist wie die herkömmliche.

Es freut mich, dass die «Wirkstatt Küche» meiner Lebenspartnerin Susanne Balázs mein eigenes Buch «Sprechstunde Naturarzt» ideal ergänzt. Alle, die die Bedeutung des Essens für die eigene Gesundheit erkannt haben, finden das nötige Wissen dazu im einen und die praktische Anleitung dazu im andern Buch.

Die Ernährung wird von der Schulmedizin stiefmütterlich behandelt. Die herkömmliche Ernährungsberatung ist noch immer stark von der Pharmaindustrie und der Nahrungsmittelindustrie beeinflusst. Medikamente und Nahrungsmittel sind ein globales Geschäft, die Gesundheit des einzelnen Menschen bleibt auf der Strecke.

Wir müssen deshalb die Verantwortung für unsere Gesundheit selber übernehmen. Sowohl in Bezug auf medizinische Interventionen als auch in Bezug auf unsere Ernährung und unseren Lebenswandel. Denn das Wertvollste, was wir besitzen, ist unsere Gesundheit!

Ich wünsche Ihnen spannende Lektüre und gutes Gelingen in der Küche.

Johann Schmid,
Kant. appr. dipl. Naturarzt, Heiden

Alles, was wir essen und trinken, bewirkt etwas

Am Anfang dieses Buches stand mein Leidensdruck. Um starken körperlichen Beschwerden auf den Grund zu gehen, liess ich einen IgG-Test durchführen. Die Laboranalyse zeigte, dass von den 264 getesteten Nahrungsmitteln deren 116 bei mir eine mittlere bis sehr starke Immunreaktion auslösen und somit für mich unverträglich sind. Auf weitere 26 Nahrungsmittel reagiere ich schwach. Die Hyperaktivität (POS) meines Sohnes und die Geburt meiner jüngsten Tochter motivierten mich zusätzlich, mich gründlich mit Ernährungsfragen auseinanderzusetzen und die Ernährungsgewohnheiten der ganzen Familie zu hinterfragen. Doch eines war für mich von allem Anfang an klar: Ich wollte weiterhin schmackhafte Mahlzeiten zubereiten und gut essen.

Ich habe am eigenen Leib erfahren, was eine konsequente Ernährungsumstellung heisst. Die Abläufe im Verdauungstrakt des Körpers zu verstehen, bedeutet vorab Kopfarbeit. Die gewonnenen Erkenntnisse umzusetzen und in der Familie durchzusetzen, ist Knochenarbeit. All den Einwänden von Verwandten, Bekannten und Ärzten standzuhalten, braucht Kraft, Hartnäckigkeit, aber auch ein Stück Gelassenheit. Heute gibt mir der Erfolg recht: Die Ernährungsumstellung für mich und meine Familie war und ist wichtig und richtig. Ich weiss aber auch, dass es keine richtige und gesunde Ernährungsform für alle gibt; gesunde Ernährung ist individuell.

In meinem Kochbuch habe ich meine persönlichen, subjektiven Erfahrungen zusammengefasst. Ich habe Rezepte zum Kochen und Backen ohne Hefe, Kuhmilch, Hühnerei und Weizen aufgeschrieben. Meine Küche ist von der Werkstatt zur Wirkstatt geworden, weil ich erlebt habe, wie Nahrung wirkt. Das, was wir essen und trinken, hat Auswirkungen auf unseren Körper und damit auf unsere Gesundheit. Alles, was wir zu uns nehmen oder von uns geben, bewirkt etwas. Das gilt auch für die Gedanken beim Kochen. Eine positive innere Einstellung, Freude am kreativen Tun in der Küche sind wichtiger als das gesündeste Gewürz.

Meine Rezepte sind Vorschläge, die je nach Verträglichkeit individuell angepasst werden können und sollen. Liebevolle Hingabe, gepaart mit grundlegendem Wissen, fördert die Kreativität und führt zu schmackhaften, verträglichen Gerichten. Mein Lebenspartner und meine Kinder testeten meine Menü-Experimente und gaben mir ehrliche Rückmeldungen. Stets unterstützten sie meine Wirkstatt Küche mit Geduld und Toleranz. Dafür danke ich ihnen herzlich.

Susanne Balázs

Nahrungsmittelunverträglichkeiten und Allergien

Nahrungsmittelunverträglichkeiten sind Abwehrreaktionen des Immunsystems auf ein oder mehrere Lebensmittel. Es gibt eine Vielzahl von Krankheiten, die mit solchen Abwehrreaktionen in Verbindung stehen können. Anzeichen dafür können sein: Chronische Müdigkeit, Kopfschmerzen, Migräne, Hautausschläge mit oder ohne Juckreiz, Gelenkentzündungen, Verhaltensauffälligkeiten («Zappelphilipp»), Stimmungsschwankungen, Blähungen, Verstopfung, Durchfall und vieles andere mehr.

Meistens machen sich diese Unverträglichkeiten und deren Symptome schleichend bemerkbar und werden nicht mit dem Essen in Verbindung gebracht. Die sogenannten Antikörper der Klasse IgG (Immunglobulin G) können verzögerte Abwehrreaktionen verursachen, die erst 4 bis 72 Stunden nach der Nahrungsaufnahme beginnen. Schnellere Abwehrreaktionen verursachen die Antikörper der sogenannten IgE-Klasse. Diese Reaktionen verbindet man deshalb öfter mit der Einnahme eines Nahrungsmittels. Die häufigsten unverträglichen Nahrungsmittel sind Kuhmilch, Hühnerei, Soja, Schweinefleisch, Nüsse und Weizen.

Ein IgG-Bluttest gibt Aufschluss darüber, welche Lebensmittel Reaktionen auslösen. Alle Menschen, die unter Allergien, Nahrungsmittelunverträglichkeiten, Laktoseintoleranz und chronischen Krankheiten leiden, müssen das gestörte Gleichgewicht im Darm wiederherstellen. Die verschiedenen biochemischen Abläufe und Regulationsmechanismen im Verdauungstrakt können optimal nur in einem gesunden Darm richtig funktionieren. Ein gesunder Darm hat eine intakte Darmschleimhaut. Diese entsteht bzw. besteht dank eines intakten Immunsystems, eines korrekten Darmmilieus und einer optimalen Symbiose innerhalb der Mikroflora. Die intakte Darmschleimhaut erfordert eine individuell verträgliche und basische Ernährung, regelmässige Bewegung, vorzugsweise im Freien, eine solide und positive Lebenshaltung, die Vermeidung von Ärger, Stress und psychischen Belastungen.

Ein nur kurzzeitiger Verzicht auf einzelne Nahrungsmittel genügt nicht. Die Essgewohnheiten müssen rigoros geändert werden. Eine solche Umstellung ist nicht einfach. Lassen Sie sich deshalb von einer Fachperson beraten und begleiten. Haben Sie Geduld. Eine grundlegende Stoffwechselumstellung kann Kopfschmerzen, Müdigkeit, Unlust, Gelenkschmerzen oder eine Ver-

Seiten 18/19
Fruchtwähe.
(Rezept Seite 210)

schlechterung alter Beschwerden hervorrufen. Sie sind Zeichen von Ausleitungs-, Entgiftungs- und Umbauprozesse des Körpers. Diesen Heilungsprozess positiv zu sehen und durchzuhalten, lohnt sich. Sie werden feststellen, dass Ihre neue, individuelle Ernährungsform und die damit verbundene gesunde Lebensführung eine bislang nicht gekannte positive Wirkung auf Ihr Wohlbefinden und Ihre Gesundheit haben.

Alternativen zu Kuhmilch, Hühnerei und Weizen

Kuhmilch Viele Menschen, einmal dem Säuglingsalter entwachsen, können Laktose (Milchzucker) nicht mehr verdauen. Aber nicht nur der Milchzucker verursacht Probleme, sondern ebenso oft das Milcheiweiss. Dazu kommt, dass Milchprodukte keine Ballaststoffe enthalten und den pH-Wert im Dünndarm senken, so dass das Milieu sauer wird. Wenn Milch pasteurisiert wird, werden gewisse Mikroorganismen abgetötet. Die Milch ist deshalb länger haltbar. Auf der anderen Seite wird durch die Erwärmung der Milch ein Grossteil ihrer Enzyme zerstört, die Mehrzahl der ungesättigten Fettsäuren sowie die Kohlenhydrate verändert und ein wesentlicher Teil der Vitamine und Mineralstoffe vernichtet. Das Homogenisieren verkleinert die Fettkügelchen in der Milch mit dem Ziel, dass die Milch nicht mehr aufrahmt und dank der grösseren Gesamtoberfläche leichter verdaulich ist. Aufgrund verschiedener Untersuchungen und Erfahrungen ist es wahrscheinlich, dass die Fetttröpfchen dadurch leichter durch die Darmwand ins Blut wandern und so vor allem schon bei Kleinkindern eine Ursache für Allergien bilden. Aus diesen Gründen empfehle ich, Kuhmilch in allen ihren Verarbeitungsformen zu meiden. Neben Milch, Joghurt und Käse findet sich Kuhmilch auch in vielen industriell hergestellten Nahrungsmitteln. Magermilchpulver und damit Milcheiweiss ist der meistverwendete Zusatzstoff der Nahrungsmittelindustrie. Milchbestandteile dienen zum Beispiel als Geschmacksverstärker, erhöhen Eiweissgehalt und Bräunungsgrad.

Kuhmilchbestandteile in Nahrungsmitteln werden meist wie folgt deklariert:
· Backhilfsmittel
· Bindemittel
· Emulgator

- Kasein (isoliertes Milchprotein)
- Kefir
- (tierisches) Eiweiss
- Lactalbumin
- Lactglobulin
- Schmand (alte bäuerliche Bezeichnung für Rahm bzw. Sahne)
- Buttermilch(-pulver)

Wenn Sie Kuhmilch nicht vertragen, müssen Sie folgende Nahrungsmittel meiden:

- Fertigsaucen, Fertigsuppen, allgemein alle Halbfertig- und Fertigprodukte
- Salatsauce mit Joghurt
- Wurstwaren und Wurstaufschnitt
- Margarinen
- Backwaren wie Zopf, Weggli, süsses Hefegebäck usw.
- Kuchen, Guetzli, Kleingebäck, Wähen mit Guss
- Schokoladenerzeugnisse
- Glaceprodukte, ausser Wasserglace und Sorbet
- Schaf- und Ziegenkäse, die Kuhmilch enthalten. Erkundigen Sie sich im Reformhaus oder im Käsefachhandel über die Zusammensetzung.

Alternativen zu Kuhmilch

Es gibt eine ganze Reihe von Lebensmitteln, die Kuhmilch in sämtlichen Gerichten ersetzen können:

- Reis-Drink, selber hergestellt (siehe Rezept Seite 225) oder beispielsweise von Soyana, geeignet zum Kochen und Backen
- Soja-Drink, beispielsweise von Soyana
- Hirse-Drink, beispielsweise von Soyana
- sämtliche Getreide-Drinks aus Hafer, Dinkel, Gerste, die allerdings Gluten enthalten, beispielsweise von Soyana
- Mandel-Drink, selber hergestellt (siehe Rezept Seite 224)
- Vollrahm, gemischt mit Wasser im Verhältnis 1:3; zum Eindicken oder Aufwerten einer Sauce, Speise oder Crème eventuell 1 Kaffeelöffel Mandelpüree beifügen

Bei den meisten Gerichten kann Joghurt durch mit Wasser verdünnten Sauerrahm ersetzt werden. Anstelle von Quark mixt man Sauerrahm und Tofu im Verhältnis 1:4, fügt etwas frisch gepressten Zitronensaft bei, oder man mixt Tofu mit wenig Wasser und etwas Zitronensaft.

Der Reis-Drink ist leicht verdaulich und fast geschmacksneutral. Er eignet sich deshalb gut für kalte Speisen wie Birchermüesli sowie zum Kochen und Backen. Der Geschmack wird durch das Erhitzen nicht verändert.

Soja-Drink hat einen leicht nussigen Geschmack, der durch das Erhitzen verstärkt wird. Der aus gemahlenen Sojabohnen hergestellte Soja-Drink, auch Sojamilch genannt, wird im Tetrapack, gesüsst oder ungesüsst, mit Kalzium und Vitaminen angereichert, mit Kakao, Frucht- und Beerenaromen im Reformhaus und bei Grossverteilern angeboten. Sojamilch ist nicht gleich Sojamilch, es lohnt sich, die verschiedenen Marken zu probieren und die Zusammensetzung genau zu studieren.

Aus Sojamilch werden Rahm, Käse, Pudding und Joghurt hergestellt. Auch Tofu wird aus Sojabohnen hergestellt, die Verwendungsmöglichkeiten sind im Rezeptteil aufgeführt.

Sojamilch ist wegen seines hohen Eiweissgehalts nicht als Getränk zu verwenden. Ich empfehle, nicht nur Sojamilch und Sojaprodukte als Alternative zu Milch und Milchprodukten zu verwenden. Sojamilch und Sojaprodukte sollten Sie höchstens jeden dritten oder vierten Tag konsumieren. Zur Abwechslung können verschiedenen Getreide-Drinks, ebenfalls im Tetrapack mit diversen Aromen erhältlich, konsumiert werden.

Kuhmilch kann also vollständig und problemlos ersetzt werden. Die Werbekampagnen der Milchproduzenten und der verarbeitenden Industrie suggeriert allerdings, dass ein Leben ohne Milch zu Mangelerscheinungen und, vor allem bei Frauen, zu Krankheiten führen kann. Das Reizthema Kalzium entfacht oft eine Diskussion um das Für und Wider von Kuhmilch als Nahrungsmittel für den Menschen. Dabei werden viele andere Aspekte übersehen, die den Konsum von Kuhmilch als bedenklich erscheinen lassen. Milchprodukte, vor allem Käse und Joghurt, sind, wenn überhaupt, als Genussmittel zu verzehren. Die Milchprodukte sollten dann aus biologischer Produktion sein. Demeter-Vollfett-Quark beispielsweise wird aus biologischer, nicht pasteurisierter, nicht homogenisierter und nicht mit Lab fermentierter Milch hergestellt.

Der Bedarf an Kalzium kann ausreichend aus nicht-tierischen Quellen gedeckt werden. Bei einer vollwertigen Ernährung mit viel Gemüse, Salat und allenfalls in geringen Mengen eingesetzten Sojaprodukten braucht man keine Mangelerscheinungen zu befürchten. Kalziumreiche Nahrungsmittel sind beispielsweise Grünkohl, Brokkoli, Fenchel, Soja, Lauch, Gartenkresse, Rucola, Wirz, Orangen, Sesam, Mandeln und Mohn.

Ausserdem ist zu beachten, dass ein zu hoher tierischer Eiweissanteil in der Nahrung sowie übermässiger Konsum von Süssigkeiten, Kaffee, Kakao und Cola-Getränken einen Kalziummangel fördern. Allgemein ist eine Übersäuerung des Organismus zu vermeiden. Für die Aufnahme beziehungsweise den Einbau von Kalzium in die Knochen ist auch die körperliche Bewegung massgebend. Ein regelmässiges Bewegungsprogramm, zum Beispiel Joggen, Fahrradfahren oder Krafttraining mit Gewichten, bewirkt eine Reizauslösung zur Knochenstärkung.

Tierische Alternativen zu Kuhmilch sind Ziegen-, Schaf- und Stutenmilch. Bei deren Verwendung ist ebenfalls auf individuelle Verträglichkeit, Herkunft und Verarbeitung zu achten. Ich persönlich gebe den pflanzlichen Alternativen den Vorzug.

Vollrahm und Butter können trotz IgG-Reaktion auf Kuhmilch ab und zu verwendet werden, weil dabei das Fett massgebend ist und nicht die Eiweisse.

Hühnerei Auch Hühnereier werden bei der industriellen Herstellung von vielen Nahrungsmitteln verwendet. Hühnerei oder Teile davon dienen der Geschmacksverstärkung und zur Verbesserung der Verarbeitungseigenschaften.

Oftmals sind Hühnereier oder deren Bestandteile nicht als «Hühnerei» auf der Zutatenliste aufgeführt, sondern werden wie folgt deklariert:

· Protein
· Fremdprotein
· Ovo
· Lecithin (E 322)
· Stabilisatoren
· Emulgatoren

Die sogenannten Emulgatoren verbinden fett- und wasserhaltige Bestandteile bei der Fabrikation. Der Nahrungsmittel-Zusatzstoff E 322 (Lecithin) kann aus Hühnerei, aber auch aus Soja oder gelegentlich aus Sonnenblumen- oder Rapsöl hergestellt sein. Die von der Nahrungsmittelindustrie eingesetzten Zusätze sind meist stark modifiziert. Allgemein sind alle Zusatzstoffe mit E-Nummern kritisch zu beurteilen und wenn möglich zu meiden. Denn sie sind häufige Auslöser allergischer Reaktionen oder von Verhaltensauffälligkeiten (zum Beispiel «Zappelphilipp»).

Wenn Sie Hühnereier nicht vertragen oder eine Allergie haben, verzichten Sie auf folgende Nahrungsmittel:

- Mayonnaise
- Wurst- und Fleischwaren wie Frikadellen, Hackbraten, Paniertes, Pasteten usw.
- Backwaren, Kuchen, Zopf (Bindemittel, Klebemittel, Farbgebung)
- Guetzli, Wähen, Biskuitteig, Soufflé
- Omeletten, Spätzli
- Eier-Teigwaren, Lasagne
- Puddings, Crèmespeisen, Speiseeis, Tiramisu, Suppen und Saucen
- Süssigkeiten wie Schokoküsse, Schaumwaffeln und Schokoladenwaren

Alternativen zu Hühnereiern
Die folgenden Zutaten ersetzen Hühnereier in vielen Gerichten und Backwaren, die Mengenangaben entsprechen 1 Ei:

Vollfettes Sojamehl	1 EL mit 3 bis 4 EL Flüssigkeit
Agar Agar für Pudding	1 KL aufgelöst in Wasser
Tofu natur	50 g mit Flüssigkeit püriert
Kartoffelpüreepulver	1 EL unter den Teig mischen
Kichererbsenmehl	mit Mehl 1:4 mischen (verbessert die Bindung und lockert die Backwaren, bleiben länger frisch)
Ei-Ersatz Valpiform (Pulver)	im Reformhaus erhältlich, Verwendung gemäss Gebrauchsanweisung
Guarkernmehl	1 KL mit 3 bis 4 EL Flüssigkeit, bei Backwaren mit Mehl mischen
Johannisbrotkernmehl	1 KL mit 3 bis 4 EL Flüssigkeit, auch für kalte Speisen verwendbar

Um die appetitlich gelbe Färbung bei eifreien Speisen und Kuchen zu erreichen, kann etwas Safran – als Pulver oder als aufgelöste Fäden – oder Kurkumapulver beigemischt werden.

Guarkernmehl aus dem tropischen Guarstrauch ist ein pflanzliches und glutenfreies Bindemittel. Es eignet sich hervorragend als natürlicher Ersatz von Eigelb, Stärkemehlen oder anderen Bindemitteln zum Zubereiten von Saucen, Dips, Suppen, Aufläufen, Desserts, Brot und Backwaren. In Brot und Backwaren mischt man es trocken mit dem Mehl. Bei Anwendung in kalten oder warmen Speisen wird es in etwas kaltem Wasser aufgelöst und mit dem Schneebesen eingerührt, danach bei kalten Speisen kurz quellen lassen oder bei warmen Gerichten kurz aufkochen. Als Nahrungsmittelzusatzstoff hat es die E-Nummer 412. Im

Fachhandel ist es beispielsweise von «Natura» aus kontrolliert biologischem Anbau erhältlich.

Johannisbrotkernmehl ist ebenfalls ein geschmacksneutrales Bindemittel und wird wie Guarkernmehl verwendet. Es wird aus den Samen der Früchte des im Mittelmeerraum beheimateten Johannisbrotbaumes gewonnen und ist nicht zu verwechseln mit Carob: Das Carobpulver wird aus den Fruchtschoten des Johannisbrotbaumes gewonnen. Carob wird als Alternative zu Kakao und nicht als Bindemittel verwendet.

Valpiform Substitut d'oeuf ist ein glutenfreier Ei-Ersatz ohne Weizen und ohne Soja. Es ist ein Produkt aus Maisstärke, Kartoffelmehl, Guarkernmehl, Zellulose und Emulgator (Palmöl). In meiner alternativen Reformküche versuche ich möglichst keine gemischten Produkte zu verwenden, da es ohnehin schon schwierig ist, sämtlichen individuellen Unverträglichkeiten gerecht zu werden.

Weizen und Gluten

Weizen kann in sämtlichen Gerichten, Kuchen und Guetzli mit Ur-Dinkel ersetzt werden, vorausgesetzt man hat keine Unverträglichkeit auf Dinkel, Gluten oder Aspergillus niger (Schwarzschimmel). Von den Getreidearten, die für die Ernährung genutzt werden, enthält Dinkel am wenigsten Gluten. Dinkel ist gegenüber Umwelteinflüssen widerstandsfähig und wächst am besten in ungedüngten Böden. Grünkern wird der Dinkel genannt, wenn er grün geerntet und anschliessend nachgetrocknet oder gedarrt wird. Weizen ist ein Nacktgetreide und Dinkel ein Spelzgetreide. Einkorn, Emmer und Kamut sind Ursprungsformen des Weizens.

Was ist Gluten? Getreide ist nicht nur ein bedeutender Kohlenhydratlieferant, sondern besteht bis zu 15 Prozent aus Eiweiss. Bei den Getreidesorten Weizen, Roggen, Gerste und Hafer besteht dieses Eiweiss fast vollständig aus Gluten. Glutenhaltige Mehle eignen sich besonders gut für die Herstellung von Backwaren, da dieses Klebereiweiss den Teig bei der Verarbeitung elastisch hält. Da es Wasser bindet, emulgiert und stabilisiert, wird es von der Nahrungsmittelindustrie gern genutzt und vielfältig eingesetzt. Es findet sich in Fertigprodukten und Würzmitteln.

Bei der sogenannten Zöliakie, auch einheimische Sprue genannt, handelt es sich um eine Erkrankung der Dünndarmschleimhaut, die auf einer Unverträglichkeit dieses Getreideeiweisses beruht. Die Darmschleimhaut entzündet sich, ihre Oberfläche wird geschädigt und kann sich nicht mehr regenerieren. Der Organismus ist ständig mit einem Entzündungsherd belastet und das Immunsystem fortwährend aktiv. Die Menschen, die von dieser Krankheit betroffen sind, sind gezwungen eine absolut glutenfreie Ernährung einzuhalten, um Linderung oder Beschwerdenfreiheit zu erreichen. Möglicherweise sind am Krankheitsbild noch andere Nahrungsmittelunverträglichkeiten mitbeteiligt.

Alternativen zu Weizen und anderen glutenhaltigen Getreidesorten sind Gerichte und Backwaren aus Reis, Mais, Hirse, Buchweizen, Quinoa oder Amaranth. Im Fachhandel sind verschiedene Teigwaren, Kekse, Knabbersachen, Knäckebrot, Pizzaböden, Mehlmischungen, Flocken oder Flakes aus diesen Getreidesorten erhältlich. Zwingend ist jedoch der Blick auf die Zusammensetzung dieser Produkte. Denn oftmals findet sich darin eine Zutat wie Hühnerei, Milcheiweiss, Hefe oder etwas anderes, auf das man eine Unverträglichkeit hat. Anstatt zu verzichten, schlage ich Ihnen vor, frisch Selbstgemachtes zu geniessen. Dazu finden Sie Rezepte und Anleitungen in diesem Buch.

Alle Zutaten zum Selbermachen sind im Reformfachhandel erhältlich. Sämtliche Körner werden im Reformhaus auf Wunsch frisch gemahlen. Bei einer streng eingehaltenen Glutenabstinenz muss das Getreide in einer nur für glutenfreie Körner verwendeten Mühle gemahlen werden.

Ein Tip: Wer sich nicht immer die Mühe machen und die Zeit zum selber Backen nehmen will oder kann, kauft Produkte von Werz. Die «Naturkorn Mühle Werz» in Deutschland stellt biologische, gluten-, ei- und milchfreie Vollwertprodukte her, die im Reformfachhandel erhältlich sind.

Hirse   Hirse zählt zu den ältesten Getreidearten der Welt. Es gibt Hirsearten aus den Tropen, Subtropen und aus Mitteleuropa. Sie gedeihen auf warmen, sandigen und lockeren Böden und kommen mit wenig Wasser aus. Sie lieben viel Licht und Wärme. Der Anbau ist sehr arbeitsintensiv und mühsam. Ihre wesentlichen Inhaltstoffe sind leicht verdauliche, glutenfreie Eiweisse, und sie enthält ausserdem Kieselsäure, Magnesium, Zink, Eisen und Kalium.

Hirse kann wie Reis gekocht werden. Als Eintopf, Auflauf, Burger oder sonstiges Hirsegericht wird sie als nahrhafte Hauptspeise oder Beilage geschätzt, obwohl sie bei uns etwas in Vergessenheit geraten ist.

Die schonend ohne Erwärmung feinstgemahlene Braunhirse von Werz kann ungekocht Speisen und Getränken beigemischt werden; so sind die wichtigen Inhaltstoffe am besten aufnehmbar.

Die kleinen, runden Körner gibt es auch als Poppies, Hirse-Nüssli und -flocken zu kaufen. Die Braunhirse hat je nach Lieferant einen etwas stärkeren Eigengeschmack als Goldhirse. Am besten man probiert beide aus. Vor der Zubereitung wird Hirse gründlich mit heissem Wasser gewaschen, sie braucht aber nicht eingeweicht zu werden. Braunhirse eignet sich auch zum Keimen, muss dann aber vorher circa 24 Stunden in viel Wasser eingeweicht werden; Einweichwasser weggiessen. Die Keimzeit beträgt 4 bis 5 Tage.

Buchweizen

Buchweizen, auch als Heidekorn bekannt, zählt nicht zu den Getreidearten und ist trotz seines Namens keine Weizenart. Er gehört zu den Knöterichgewächsen, wird wie Getreide verwendet und ist glutenfrei. Er ist dreikantig geformt und als ganzes, geschältes Korn, geschrotet in Form von Flocken oder Mehl erhältlich. Das Mehl kann gut mit anderen glutenfreien Mehlen gemischt werden. Dank seiner grossen Bindefähigkeit eignet er sich gut für Aufläufe, Bratlinge oder Burger, Omeletten und als Eiersatz. Eier sind in Vollkorngerichten schwerer verdaulich als Buchweizen. Sein Protein Rutin dient uns Menschen zur Regeneration. In der Getreideküche ist der Buchweizen eine willkommene Ergänzung, da er nahrhaft und leicht verdaulich ist. Der Buchweizen wird vor der Zubereitung der Gerichte mit heissem Wasser gewaschen, er braucht nicht eingeweicht zu werden.

Quinoa

Quinoa ist eine Zerealie, die vor allem in der veganen Getreideküche, in der auf alle tierischen Produkte verzichtet wird, bekannt und beliebt ist. Quinoa stammt aus Bolivien und gehört zur Familie der Meldengewächse. Seine wertvollen Inhaltstoffe, welche der Kuhmilch sehr ähnlich sind, machen es zu einem ausgewogenen Grundnahrungsmittel. Schon seit 5000 Jahren wurde diese Pflanze in den Anden in 3000 bis 4000 Metern Höhe über Meer angebaut. Quinoa ist ebenfalls glutenfrei und liefert viel Kalzium, Eisen, Magnesium, Vitamin B und E und hat einen hohen Eiweissgehalt. Die senfkorngrossen Samen haben ein mildes Aroma und eine feste Konsistenz. Sein nussig-kerniger Eigengeschmack ist ein wenig gewöhnungsbedürftig, entweder man mag es oder nicht. Es wird wie Reis gekocht und findet Verwendung als Beilage, Eintopf, Bratlinge oder abgekühlt als Salat.

Im Reformfachhandel kann man rotes oder helles Quinoa als Mehl, Flocken oder Poppies kaufen. Quinoa eignet sich auch zum Keimen.

Amaranth
Amaranth ist ein Fuchsschwanzgewächs und ebenfalls ein glutenfreies Scheingetreide. Die kleinen, hellen Samen haben eine aussergewöhnlich gute Nährstoffzusammensetzung. Sie sind reich an wertvollem Eiweiss und haben einen hohen Mineralstoffgehalt. Das Besondere an Amaranth ist der hohe Lysingehalt, eine essentielle Aminosäure. Da alle Getreidearten arm an Lysin sind, ist Amaranth eine sinnvolle Ergänzung zu ihnen. Er besitzt ein volles, nussiges Aroma und eignet sich als Beilage, für Suppen, Eintöpfe mit Gemüse, Bratlinge oder zum Backen und Keimen. Im Handel ist er geflockt, gepoppt und gemahlen erhältlich. Für 20 bis 25 Prozent der in meinen Backrezepten angegebenen Mehlmenge kann Amaranthmehl verwendet werden.

Reis
Reis ist in der glutenfreien Ernährung unerlässlich und vielfältig verwendbar. Reis gibt es in vielen Sorten zu kaufen: vom klebrigen asiatischen Reis, herben Vollkornreis bis zum körnig duftenden Basmatireis. Er ist äusserst vielseitig einsetzbar in salzigen und süssen Speisen. Ob Rundkorn oder Langkorn ist nach Belieben und Gericht zu entscheiden. Empfehlenswert ist auf jeden Fall die Verwendung von Vollkornreis und weniger des geschälten, weissen Reises. Es gibt Studien, die belegen, dass der regelmässige Verzehr von Vollkorn und Vollkornerzeugnissen im Rahmen einer gemischten Kost eine gesundheitsfördernde Wirkung besitzt. Das gilt selbstverständlich für sämtliche Getreide.

Reis ist gepoppt, geflockt und gemahlen und in Form der in der asiatischen Küche oft verwendeten Reisnudeln oder -teigwaren erhältlich. Reismehl ist gut mit anderen glutenfreien Mehlsorten mischbar.

Mais
Mais ist bekannt als Popcorn, Cornflakes, Maischips, Maisgriess- oder Bramata-Polenta, Ribbel oder gegrillter Maiskolben. Maismehl und Maisstärke sind in der glutenfreien Küche sehr beliebt und mit anderen glutenfreien Mehlsorten gut mischbar. Für Pasta-Liebhaber gibt es auch Mais-Teigwaren zu kaufen.

Die Maispflanze mit ihrem üppigen Wuchs unterscheidet sich deutlich von den anderen Getreidearten. Die Spanier brachten den Mais um 1500 von den karibischen Inseln nach Europa. Über Italien und das Tessin, wo er heute noch über dem Feuer als Polenta gekocht wird und beliebt ist, gelangte er bis nach Russland.

Das Maiseiweiss ist nicht vollwertig: Es fehlen ihm wichtige Aminosäuren wie Glutamin, Lysin und Tryptophan. Durch die Kombination von Mais mit Bohnen erhält man alle lebensnotwendigen Eiweisse. Aus den fettreichen Keimen wird Maiskeimöl gewonnen. Es enthält die wertvollen Vitamine A und E, welche für einen aktiven Stoffwechsel verantwortlich sind.

Teff Teff, auch bekannt als Zwerghirse, ist eine Pflanze aus der Familie der Süssgräser. Sie wird seit über 5000 Jahren in Nordostafrika, vor allem in Äthiopien, angebaut. Dort zählt sie bis heute zu den Grundnahrungsmitteln. In der glutenfreien Küche ist Teff eine gute Alternative zu Haferflocken zum Beispiel für Kleingebäcke, Brot, Bratlinge, Suppeneinlagen oder für Müesli. Man kann ihn pur oder in Kombination mit anderen glutenfreien Mehlen oder Flocken verwenden. Teff ist reich an Vitaminen, Mineralstoffen, Spurenelementen sowie Ballaststoffen; er enthält 12 bis 14 Prozent Eiweiss und wenig Fett. Teff schmeckt leicht süsslich mit einem nussigen Aroma.

Worauf ist beim glutenfreien Backen zu achten? Am besten gelingt das glutenfreie Backen, wenn die Zutaten Zimmertemperatur haben. Glutenfreier Teig braucht viel Feuchtigkeit. Falls der Brotteig mit Hefe gebacken wird, lässt man ihn 30 bis 40 Minuten an der Wärme gehen, beispielsweise im auf 50 Grad aufgeheizten Backofen. Nach dem Vorheizen muss man den Ofen ausschalten, die Brotform hineinstellen, den Gitterrost darüberschieben und mit einem feuchten Geschirrtuch bedecken. Bei Broten ohne Hefe, das heisst bei Zugabe von Backpulver als Triebmittel, ist dieser Vorgang überflüssig. Damit das Brot nicht austrocknet, kann man während des Backvorgangs ein feuerfestes Gefäss mit Wasser in den Ofen stellen. Glutenfreies Brot kann auch durch die Zugabe von gekochten, gepressten Kartoffeln saftiger und feuchter gemacht werden. Auf 500 Gramm glutenfreies Mehl nimmt man ungefähr 200 Gramm mehlig kochende Kartoffeln.

Flohsamen (Psyllium plantago) mische ich immer meinen Brotzutaten bei, um die Verarbeitungs- und Backeigenschaften zu verbessern. Es sind die Samen einer Wegerichart, die im Mittelmeer heimisch ist. Flohsamen zeichnen besonders gute Quelleigenschaften aus. Sie nehmen viel Wasser auf und erhalten die

Feuchtigkeit im glutenfreien Brot. Sie haben ähnliche Eigenschaften wie Leinsamen, enthalten aber mehr Schleimstoffe. Mit viel Flüssigkeit eingenommen, üben sie eine anregende Wirkung auf die Darmtätigkeit aus. Damit der Teig für Kleingebäcke elastischer und weicher wird, verwendet man als Backhilfe am besten fein gemahlene Flohsamen: Einen bis zwei gestrichene Kaffeelöffel Flohsamenmehl auf 500 Gramm glutenfreie Mehle mit allen trockenen Zutaten des Rezepts gut mischen.

Eine ebenfalls beliebte Zutat in der glutenfreien Brot-Bäckerei ist die Zuckerrübenfaser. Sie wird im Reformhaus unter dem Markennamen Fibrex (siehe Zutatenliste) angeboten. Zuckerrübenfasern speichern viel Wasser und geben es langsam dem Brot ab. Dadurch bröselt das Brot weniger, kann besser geschnitten werden und trocknet langsamer aus.

Flohsamen und Zuckerrübenfasern können in Broten zusammen verwendet werden. Sie sollten den Gebäcken aber eher in kleinen Mengen zugesetzt werden, da zu viele unverdaubare Ballaststoffe den Verdauungstrakt belasten können. Die Brot- und Guetzliteige, denen sie beigemischt werden, sind feuchter und klebriger als Teige aus glutenhaltigen Mehlen. Lassen Sie die fertigen Teige eine Zeitlang ruhen, damit sie nachquellen können.

Bei der Herstellung von Teigen ist es wichtig, als Erstes die trockenen Zutaten separat in einer Schüssel gut zu vermischen. Bei den Süssgebäcken wie Guetzli, Kuchen und Waffeln, bei denen ich Butter verwende, lasse ich die Butter immer im Wasserbad schmelzen. Die weiteren Zutaten lassen sich so besser vermengen. Die Mehle sollten fein gemahlen und Zutaten wie Nüsse oder Dörrfrüchte klein gehackt oder geschnitten sein. Der Teig bindet dadurch besser und die Gebäcke, vor allem die Guetzli, brechen weniger. Als Flüssigkeit verwende ich, wenn im Rezept nicht anders angegeben, immer Mineralwasser mit Kohlensäure, da die vom Mehl und Wasser eingeschlossenen Gasbläschen das Aufgehen des Teigs fördern. Brotteige ohne Hefe haben eine Konsistenz wie herkömmliche Kuchenteige.

Glutenfrei kochen ist nicht schwer

Die glutenfreie Küche ist eigentlich eine ganz normale Küche, es braucht keine teuren Fertigmehle oder sonstige Spezialprodukte. Sie bringt eine bedeutende Umstellung vom Gewohnten mit sich, und es braucht Zeit, bis man weiss, welche Lebensmittel sich eignen, und bis man ihre Eigenschaften kennt. Hilfreiche Küchentricks lernt man schnell, und mit etwas Übung und Kreativität stehen ungewohnte, aber wohlschmeckende Gerichte auf dem Tisch.

Glutenfreie Lebensmittel wie Mais, Reis, Hirse, Buchweizen oder Kichererbsen lassen sich vielseitig und für sämtliche Gerichte verwenden. Diese glutenfreien Grundstoffe gibt es gemahlen, geflockt, gepoppt und als Griess zu kaufen, und sie setzen dem «alternativen» Kochen und Backen kaum Grenzen.

Um Bratensaft von Fleischgerichten einzudicken, verwenden Sie gemahlenen Vollreis Rundkorn. Streuen Sie wenig Vollreismehl, ohne es im Wasser anzurühren, in den kochenden Bratensaft ein und rühren Sie mit dem Schneebesen, bis die Sauce gebunden ist. Reismehl eignet sich auch für die Zubereitung einer Béchamel-Sauce. Auch mit Johannisbrotkernmehl, Guarkernmehl, Kartoffel-Vollmehl, Maniokmehl und Maisstärke lassen sich Saucen und Suppen gut binden. Für warme Speisen müssen aber diese Mehle zuerst mit dem Schneebesen in etwas kaltem Wasser sämig gerührt, dann in die Speise eingerührt und kurz aufgekocht werden. Das gleiche Resultat lässt sich auch erzielen, wenn Kartoffeln mitgekocht werden.

Glutenfreie Teigwaren müssen in viel siedendem Wasser und ohne Deckel gekocht werden. Sie sind ausserdem schneller gar als Hartweizenteigwaren.

Wenn Sie eine Panade machen möchten, stehen Ihnen verschiedene Möglichkeiten offen. Für Tofu, Gemüse, Bratlinge, Fleisch oder Fisch eignen sich beispielsweise:

· feiner Maisgriess oder Maismehl
· Hirsegriess
· Teff
· grob gemahlene Mandeln
· Mohnsamen
· Kokosraspeln
· selbst gemachtes Paniermehl aus trockenem, glutenfreiem Brot
· Sesamsamen
· eigene Paniermehlkreationen wie Hirsegriess, gemischt mit fein geschnittenen Kräutern und Sesamsamen oder
· Maisgriess, gemischt mit feingehackten Nüssen, je nach Verträglichkeit, oder
· Maismehl gemischt mit Käse, je nach Verträglichkeit

Hefe

Hefe ist histaminhaltig und sollte von Personen, die an einer Histamin-Unverträglichkeit (Histaminose) leiden, gemieden werden. Oft sind Backhefe und Bierhefe an Nahrungsmittelunverträglichkeiten mitbeteiligt.

Aber nicht nur die IgG-Immunreaktion auf Hefe kann den Organismus belasten, sondern auch bei Menschen mit gestörter Darmflora hat der übermässige Konsum von Nahrungsmitteln, in denen Hefe enthalten ist, eine ungesunde Entwicklung der üblicherweise im Darm vorkommenden Hefepilze zur Folge. Schwermetallbelastungen und Übersäuerung des Organismus, geschwächtes Immunsystem und noch anderes mehr spielen bei der Entstehung und Ausbreitung dieser Disharmonie eine Rolle. Das kann sich zu einer krankhaften Candidose entwickeln mit möglichen Symptomen wie Blähungen, Verstopfung, Durchfall, häufigen Blaseninfekten bei Frauen, Scheidenpilz, chronischer Müdigkeit, schlechtem Allgemeinbefinden, Nagel- und Fusspilzen etc.

Leiden Sie immer wieder und schon längere Zeit unter einem oder mehreren dieser Symptome, rate ich Ihnen diese bei einem Naturarzt abklären zu lassen. Die Candidose ist wenig beachtet, aber weitverbreitet und zeigt ähnliche Symptome wie eine Nahrungsmittelunverträglichkeit.

Folgende Nahrungsmittel enthalten Hefe:
· Fertig-Salatsaucen
· eingelegtes Gemüse, saure Gurken
· alle Brotsorten inklusive Sauerteig- und Backfermentbrote
· Gebäck und Hefekuchen
· Wein
· Bier
· Paniertes Fleisch
· Pizza
· Brotaufstriche
· Senf und Mayonnaise
· Fleisch- und Gemüsebrühe
· Würzmischungen (Geschmacksverstärker)

Sie sollten kein Sauerteigbrot essen, da jeder Sauerteig Hefekulturen enthält. Die Hefekulturen entstehen im feuchten und warmen Milieu beim Ansetzen des Brotteigs. Auch beim Backfermentbrot laufen die gleichen Prozesse der Hefebildung ab.

In unserer Esskultur ist Brot für viele Menschen ein beliebter und fester Bestandteil des täglichen Speiseplans. Es ist eine grosse Herausforderung, ganz auf Brot zu verzichten und Alternativen zu finden. Falls Sie hefefreie Brote brauchen, die auch noch glutenfrei sind, wird es noch schwieriger. In meinem Rezeptteil habe ich einige Brotrezepte zusammengestellt. Mögen Sie es frisch oder lieber getoastet, mit fruchtiger Konfitüre oder mit einem selbstgemachten hefefreien Brotaufstrich? Probieren Sie es aus.

Eine andere, etwas weniger bekannte, aber ebenso bekömmliche Alternative zu Brot sind Waffeln. Waffeln kann man einfach und individuell mit den Zutaten, die man verträgt, und ohne Backtriebmittel selber herstellen. Sie benötigen ein Waffeleisen, und etwas Geduld. Wenn ich für meine Familie Waffeln mache, rühre ich gleich eine grosse Menge Teig an und backe viele Waffeln im voraus. In den folgenden Tagen hat man schnell und ohne grossen Aufwand feine Waffeln bereit, da man sie gefroren im Toaster aufbacken kann. Verschiedene Waffelrezepte und die Zubereitungsanleitung finden Sie im Rezeptteil.

Gewürze und Kräuter

Allgemeines zum Würzen

Die sogenannten Streuwürzen, flüssig oder fest, sind Würzmischungen, die von vielen Konsumenten häufig verwendet werden. Sie bestehen vorwiegend aus Geschmacksverstärkern, Speisesalz, Zuckerarten und anderen Trägerstoffen. Weiter können sie Gemüse, Gewürze und auch Hefe enthalten. Streuwürzen mit einer solchen Zusammensetzung sind zu meiden.

Gewürzsalze oder Kräutersalze sind Mischungen pulverisierter Kräuter, Gewürze, Gemüse, Speisesalz (50 %), Hefeextrakt, Stärke und enthalten häufig den Geschmacksverstärker Glutamat. Es gibt Produkte im Reformhaus ohne Geschmacksverstärker und Hefe. Lassen Sie sich beraten.

Diätsalz wird für natriumempfindliche Personen hergestellt. Dabei wird Natrium grösstenteils durch Kalium, aber auch durch Magnesium oder Kalzium ersetzt und meist als Verbindung mit organischen Säuren angeboten.

Aromastoffe sind Verbindungen, die einen spezifischen Geruch oder Geschmack haben und dazu bestimmt sind, dem Nahrungsmittel das gewünschte Aroma zu verleihen. In der Nahrungsmittelindustrie werden etwa 5000 verschiedene Aromastoffe eingesetzt. Man unterscheidet natürliche, naturidentische und künstliche Aromastoffe. Sie müssen nicht vom namensgebenden Lebensmittel stammen, sondern können auch von Bakterien, Hefen oder Pilzen produziert sein, wie zum Beispiel Zitronenaroma oder Zitronensäure aus dem Schimmelpilz Aspergillus niger. Alle Arten von Aromastoffen und Produkte, die solche enthalten, wie viele Süssgetränke, Süssgebäcke, Halb- und Fertigmenüs usw. sind deshalb zu meiden.

Empfehlenswert als Würzmittel und zur Geschmacksverfeinerung von Speisen ist die Verwendung von Kristallsalz, Steinsalz, Meersalz, verschiedenen Gewürzen und Kräutern. Im Reformfachhandel sind beispielsweise Mischungen von A. Vogel der Firma Bioforce AG erhältlich. Auch die «fair + bio»-Würzmittel finden Sie dort; sie werden von «Erboristi Lendi» in Curio (TI) vertrieben. Die Gewürze und Kräuter sind aus kontrolliert biologischem Anbau. Das Unternehmen hat sich dem fairen Handel verpflichtet. In enger Kooperation mit den Bauern fördert es ökologische Anbaumethoden, Aus- und Weiterbildung sowie die soziale Absicherung und wirtschaftliche Selbständigkeit der Kleinbauern in Afrika, Asien und Lateinamerika.

Kräuter   Kräuter sind Blätter, Blüten oder Sprossen von Pflanzen. Ganz, geschnitten oder gemörsert dienen sie der Geschmackverfeinerung in sämtlichen Gerichten und Salaten. Man verwendet sie frisch, getrocknet oder gefroren. Typische Beispiele sind Petersilie, Schnittlauch oder Basilikum. Die Abgrenzung gegenüber Gewürzen ist in einigen Fällen unscharf.

Gewürze   Gewürze haben einen hohen Gehalt an charakteristischen Geschmacks- und Geruchsstoffen und sind sehr empfehlenswert als natürliche, würzende oder geschmackgebende Zutaten in Gerichten und Salaten. Es sind getrocknete Pflanzenteile wie Wurzeln, Wurzelstöcke, Rinden, Zwiebeln, Knospen, Blüten, Früchte, Samen oder Teile davon.

Gewürze, Salz und Genusssäuren werden auch zur Konservierung von Nahrungsmitteln eingesetzt. Früher hatte diese Verwendung aufgrund des Fehlens anderer Konservierungsstoffe eine grössere Bedeutung. Verschiedene Gewürze wie beispielsweise Rosmarin und Salbei können vor allem fetthaltige Nahrungsmittel und Speisen länger haltbar machen. Ausserdem ist bekannt, dass einige Gewürze wie schwarzer Pfeffer und Nelken antimikrobielle Wirkungen besitzen.

Physiologische
Wirkungen
von Gewürzen
und Kräutern

Frische Kräuter wie Petersilie und Schnittlauch leisten einen geringen Beitrag zur Vitamin- und Mineralstoffversorgung. Gewürze und Kräuter weisen jedoch einen hohen Gehalt an sekundären Pflanzenstoffen auf. Sie werden, wie die Ballaststoffe, nur von Pflanzen gebildet und sind Teil der sogenannten bioaktiven Substanzen. Der primäre Stoffwechsel von Pflanzen dient ihnen zum Aufbau organischer Substanz. Im sekundären Stoffwechsel stellt die Pflanze eine Fülle von Stoffen her. Es gibt schätzungsweise 60 000 bis 100 000 verschiedene sekundäre Pflanzenstoffe, deren Funktionen innerhalb der Pflanzen noch nicht erforscht sind. Bekannt sind ihre Funktionen als Farbstoffe, Abwehrstoffe gegen Schädlinge und Krankheiten, Wachstumsregulatoren sowie Duft- und Lockstoffe; es sind pflanzeneigene Hormone.

Sekundäre Pflanzenstoffe zählen neben den Ballaststoffen zu den gesundheitsfördernden Inhaltsstoffen unserer Nahrung. Ätherische Öle, scharf wirkende Stoffe wie Capsaicin, das in Paprika enthalten ist, oder Gingerol, das im Ingwer vorkommt, Bitterstoffe, Harze, Phytohormone und Gerbstoffe sind von den Menschen genutzte sekundäre Pflanzenstoffe. Sie haben vielfältige Wirkungen auf unseren Organismus, die wir nicht alle bewusst wahrnehmen können. Sie regen unter anderem die Speichelbildung an und beeinflussen den Magen-Darm-Trakt, die Leber sowie den Kreislauf und die Harnorgane. Teils können sie auch gesundheitsschädigende Wirkung haben.

Es existieren nur für wenige Substanzen Studien, in denen die Wirkung des Verzehrs eines Gewürzes biochemisch untersucht wurde. Die meisten Beschreibungen von Wirkungen beruhen auf Erfahrungsberichten oder traditionell begründeter Anwendung. Als Duft- und Aromastoffe beeinflussen sie unsere Nahrungsauswahl.

Der Mensch hat während seiner Evolution ständig Erfahrungen mit sekundären Pflanzenstoffen gemacht, er hat gelernt, welche Pflanzen als Nahrung bekömmlich und welche zu meiden sind. Er hat auch gelernt, gesundheitsschädigende Stoffe so zuzubereiten, dass sie ihm nicht mehr schaden. Beispiele sind das Erhitzen von Hülsenfrüchten oder das Wegschneiden von grünen Stellen an Kartoffeln wegen des giftigen Solanins.

Beim Verzehr von gewürzten Speisen ist die Speichelbildung bis zu dreimal höher als von ungewürzter und salzarmer Nahrung. Dieser Effekt ist vor allem beim Verzehr von Chili, Pfeffer, Ingwer, Paprika, Curry und Senf zu beobachten. Die Speichelbildung hat verschiedene Funktionen: Sie erleichtert das Kauen und Schlucken und trägt zur Reinigung der Mundhöhle von Nahrungsresten bei. Ausserdem schützt der Speichel vor mechanischer, thermischer und chemischer Reizung oder Schädigung der Mundschleimhaut. Durch die vermehrte Speichelmenge können Zahnkaries gehemmt und pathogene Keime zerstört werden.

Bekannt sind auch die Wirkungen auf den Magen-Darm-Trakt. Gegen Blähungen nimmt man Fenchel oder Kümmel. Nelken, Estragon, Beifuss, Fenchel und andere fördern die Verdauungsvorgänge. Bei Wirkungen von Gewürzen und Kräutern auf die Leber wird zwischen galletreibender und gallebildender Wirkung unterschieden. Senf und Paprika sind als galletreibend bekannt. Choleretisch, also gallebildend, wirkt vor allem Kurkuma, aber auch Pfefferminze, Zwiebeln, Kümmel und Anis.

Die Kreislauffunktionen können ebenfalls durch Gewürze beeinflusst werden. Eine Erhöhung der Herzschlagfrequenz lässt sich nach dem Verzehr von scharfem Paprika und Chili nachweisen. Der Stoff Capsaicin in Paprika und Chili bewirkt eine Gefässerweiterung, die sich je nach Menge und bei sensibel reagierenden Menschen in Schweissausbrüchen, Tränenfluss und vermehrter Nasenschleimsekretion äussert. Die gesundheitsfördernde Wirkung von Knoblauch und dessen Sulfiden bezüglich der Blutfliesseigenschaften ist unbestritten.

Durch Wacholder, Sellerie und Liebstöckel werden die Harnorgane beeinflusst: Sie wirken harntreibend.

Manchmal werden die Wirkungen der Gewürze und Kräuter unterschätzt, vor allem Schwangere und Kleinkinder können sehr sensibel reagieren. Schwangere Frauen sollten Ingwer, Zimt, Kardamom, Nelken und Oregano reduziert zu sich nehmen und bei vorzeitigen Wehen, sogenannten Trainingswehen, wilden Wehen oder Kontraktionen ganz meiden. Diese Gewürze können wehenauslösend wirken. Also aufgepasst bei Adventsteemischungen, Weihnachtsgebäck, Punsch und Lebkuchen.

Es kann generell bei jedem Menschen zu Unverträglichkeiten oder Allergien auf Gewürze und Kräuter kommen. Bei auftretenden Beschwerden empfiehlt es sich, die Verträglichkeit abklären zu lassen.

In Europa hat sich die Kräuterheilkunde vor allem in Klöstern entwickelt. Hildegard von Bingen (1098–1179) war eine Klosterfrau und Heilige und hat viele Gewürz- und Kräuterrezepte für Leib und Seele niedergeschrieben. Heute ist die Kräuterheilkunde ein Fachgebiet des Drogisten und des Naturheilpraktikers. Die Gewürze und Kräuter finden nicht nur Verwendung als

Würzmittel, sondern werden auch als Tee, Tinkturen, Extrakte, Salben, Wickel und vieles mehr verwendet.

Die richtige Anwendung von Gewürzen und Kräutern

Um eine optimale Wirkung zu erzielen, muss beim Kauf von Gewürzen und Kräutern auf eine gute Qualität geachtet werden, die Produkte sollten frisch sein und aus kontrolliert biologischem Anbau stammen. Um die Haltbarkeit zu verlängern, können frisch geerntete Kräuter eingefroren werden. Die getrockneten Kräuter sind in gut verschlossenen Dosen aufzubewahren und innerhalb eines halben Jahres zu verwenden.

Praktische Tips:
- wenn möglich frische Kräuter verwenden
- unmittelbar vor der Verwendung fein zerkleinern oder mörsern
- getrocknete Kräuter im Mörser zerreiben, durch die Oberflächenvergrösserung entsteht mehr Aroma und enzymatische Prozesse entfalten sich besser
- generell die Gewürze und Kräuter kurz vor der Verwendung zerkleinern; damit vermeidet man eine Verflüchtigung des Aromas
- Gewürze und Kräuter, ausser Samen und Wurzeln, gegen Ende des Kochprozesses der Speise beigeben
- getrocknete Kräuter, wenn es das Rezept erlaubt, mindestens 10 Minuten vor ihrer Verwendung in Öl einlegen
- ganze Beeren und Samen im Mörser zerstossen
- Kochwasser mit ganzen Kräuterzweigen würzen
- Samen und Wurzeln mitkochen

Verwendungsmöglichkeiten

Einige der gebräuchlichsten Küchenkräuter und ihre Verwendung:

Speise	Gewürz und Kraut
Kartoffeln	Dill, Knoblauch, Estragon, Kümmel, Ingwer, Rosmarin, Thymian, Muskatnuss, Petersilie, Schnittlauch
Tomatengerichte	Basilikum, Chili, Paprika, Knoblauch, Lorbeer, Rosmarin, Thymian
Kohlgerichte	Dill, Estragon, Koriander, Senf, Wacholder
Salat	Basilikum, Dill, Estragon, Knoblauch, Majoran, Thymian, Schnittlauch, Petersilie
Pizza	Oregano, Basilikum, Chili, Paprika, Knoblauch, Rosmarin

Ratatouille	Paprika, Basilikum, Chili, Lorbeer, Majoran, Thymian, Rosmarin
Hülsenfrüchte	Bohnenkraut, Chili, Paprika, Kurkuma, Estragon, Knoblauch, Koriander, Kreuzkümmel, Lorbeer, Nelken, Thymian
Reisgerichte	Chili, Majoran, Kurkuma, Lorbeer, Rosmarin, Thymian
Amaranthgerichte	Dill, Kerbel, Chili, Petersilie, Koriander, Macis
Buchweizengerichte	Oregano, Rosmarin, Ingwer
Hirsegerichte	Borretsch, Liebstöckel, Lorbeer, Majoran, Schnittlauch
Quinoagerichte	Chili, Kerbel, Petersilie, Majoran, Oregano
Mais	Koriander, Chili, Lorbeer, Paprika, Nelken, Macis
Geflügel	Chili, Paprika, Kurkuma, Estragon, Ingwer, Koriander, Kreuzkümmel, Lorbeer, Rosmarin, Thymian, Currymischungen
Lammfleisch	Estragon, Knoblauch, Kreuzkümmel, Lorbeer, Majoran, Rosmarin, Thymian
Rindfleisch	Knoblauch, Koriander, Lorbeer, Majoran, Muskatnuss, Rosmarin
Kompott	Zimt, Kurkuma, Ingwer, Kardamom, Koriander, Nelken, Pfeffer schwarz, Zitronengras
Lebkuchen	Nelken, Ingwer, Kardamom, Koriander, Muskatnuss, Macis, Pfeffer schwarz, Zimt
Süssspeisen	Kurkuma, Ingwer, Kardamom, Koriander, Muskatnuss, Macis, Nelken, Pfeffer schwarz, Zimt
Dip-Saucen	Basilikum, Dill, Estragon, Thymian, Schnittlauch, Petersilie

Salz

Allgemein Salz erhalten Sie im Handel hauptsächlich als Speisesalz, Kochsalz oder Meersalz. Salz ist ein Gemisch salzig schmeckender Mineralstoffe mit Natriumchlorid als Hauptbestandteil.

Speisesalz wird überwiegend in unterirdischen Salzbergwerken als Steinsalz abgebaut oder durch Soleförderung als Siedesalz oder Salinensalz gewonnen. Meist werden diese Salze anschliessend raffiniert und chemisch gereinigt. Übrig bleibt ein reines Kochsalz, das sogenannte Speisesalz, bestehend aus Natriumchlorid ohne andere Mineralsalze. Kochsalz enthält oft nicht deklarierungspflichtige Konservierungsstoffe wie Kalziumcarbonat, Magnesiumcarbonat, E 535, E 536, E 540, E 550, E 551, E 552, E 553b, E 570, 572 sowie Aluminiumhydroxid, um die Streu- und Rieselfähigkeit zu verbessern.

Nur etwa 7 Prozent der weltweiten Salzproduktion werden in der Nahrungsmittelindustrie als Konservierungsmittel eingesetzt. Der Rest wird für industrielle Zwecke genutzt. Dazu ist reinstes Natriumchlorid notwendig, es gewährleistet kontrollierte chemische Prozesse, bei denen andere natürlichen Elemente stören würden. Es wird für Soda, Waschmittel, Lacke, Plastik und für vieles mehr benötigt. Reines Natriumchlorid, als Speisesalz, ohne die essentiellen Mineralien und Spurenelemente, ist ein synthetisches Produkt und hat nichts mehr mit Natur oder Ganzheitlichkeit zu tun.

Steinsalz
Ein hochwertiges Speisesalz ist das naturbelassene Steinsalz, das im Handel unraffiniert, nicht gebleicht und ohne künstliche Zusatzstoffe angeboten wird. Das Steinsalz wird aus Salzstöcken gewonnen, die in 400 bis 750 Metern Tiefe unter der Erde lagern. Es enthält lebenswichtige Mineralien und Spurenelemente in einem ausgewogenen Verhältnis, so wie es der Mensch braucht. Es gibt verschiedene europäische Hersteller von Steinsalzen aus unterschiedlichen Salzstöcken. Informieren Sie sich über die Zusammensetzungen im Reformfachgeschäft.

Meersalz
Meersalz wird im allgemeinen durch Verdunstung von Meerwasser mit Hilfe der Sonnenenergie in flachen Becken gewonnen. Es fällt auch als Nebenprodukt von Meerwasser-Entsalzungsanlagen an, die zur Trinkwasserversorgung betrieben werden. Das gewonnene Salz wird mit Süsswasser gereinigt und anschliessend wieder getrocknet. Neben dem Hauptbestandteil Natriumchlorid enthält Meersalz geringe Mengen an Kalium- und Magnesiumchlorid sowie Spuren von Kalzium- und Magnesiumsulfat. Aber auch Meersalz kann aus nahezu 100 Prozent Natriumchlorid bestehen.

Vollmeer- oder Spezialmeersalz ist ein Meersalz, das aus fern von der Küste aus grosser Tiefe entnommenem Meerwasser gewonnen wird. Durch die Umweltverschmutzung hat dieses Salz an Qualität verloren.

Himalajasalz
Das Himalajasalz enthält nebst den lebenswichtigen Elementen (Mineralien, Spurenelementen) das gesamte natürliche Frequenzmuster, das der Mensch benötigt. Dieses reine, natürliche Kristallsalz ist über Jahrmillionen im Erdinnern enormem Druck

ausgesetzt gewesen, was für die Entstehung seiner wertvollen Struktur entscheidend war. Je höher die Kompression war, desto höher ist die Ordnung der kristallinen Struktur. Kristallsalz ist wertvoll, weil es einen hohen Informationsgehalt hat und nicht nur als Würz- und Konservierungsmittel fungiert. Dieses Salz wird in seiner perfektesten Form geologisch als Halit bezeichnet. Man nennt es auch Königssalz, weil es einst den Adligen vorbehalten war.

Zu hoher Kochsalzverbrauch ist gesundheitsschädlich

Der Kochsalzverbrauch pro Kopf liegt im westeuropäischen Durchschnitt zwischen 12 und 20 Gramm täglich. Unser Körper kann aber je nach Alter, Konstitution und Geschlecht nur fünf bis sieben Gramm Kochsalz über die Niere ausscheiden. In Fertigprodukten nehmen wir ungewollt Salz auf. Beachtlich ist der hohe Salzgehalt in Fleisch- und Fischerzeugnissen wie Pökelfleisch, Wurst usw., in Käse, Snacks, in Konserven und Fertiggerichten. Unser Tagesbedarf wird normalerweise mit in den Lebensmitteln natürlich vorkommenden Salzmengen gedeckt. Die durchschnittliche Salzaufnahme von 5 Gramm pro Person und Tag wird in der Vollwerternährung als genügend angesehen. Dies bezieht sich auf die gesamte Salzaufnahme, nicht nur auf das den Speisen zugefügte Salz. Die Liebe zum Salzigen ist nicht angeboren, sondern erlernt.

Um den Eigengeschmack der Gerichte zu erhalten, sollte in erster Linie auf die Zubereitungsart und auf die Qualität der Zutaten geachtet werden. Ein Nachsalzen am Tisch wird dann seltener vorkommen oder ganz unterbleiben.

Jod und Fluor im Salz

Dem Speisesalz künstlich beigefügtes Jod und Fluor ist nicht nur nicht erforderlich, sondern bedenklich. Die Notwendigkeit dieser Zusätze im Speisesalz ist umstritten. Meiner Meinung nach ist bei guter Mundhygiene und geringem Konsum karieserzeugender Nahrungsmittel und Getränke eine zusätzliche Einnahme von Fluor zur Gesunderhaltung der Zähne nicht nötig. Fluor ist in der Fachwelt nicht als essentielles Spurenelement anerkannt und besitzt eine schmale Spanne zwischen gesundheitsfördernder Wirkung und Toxizität. Auf keinen Fall sollte hyperaktiven Kindern mit Fluor angereichertes Salz oder Zahnpasten und Mundspülungen mit Fluor verabreicht werden, die Symptome könnten dadurch verstärkt werden. Es besteht die Gefahr einer Mehrfach-Supplementierung.

Lebensmittel, die natürlicherweise relativ viel Fluor enthalten, sind Meerestiere, schwarzer Tee und manche Mineralwasser (je nach Quelle; siehe Zusammensetzung auf der Flasche). Jod ist in Kelp, einer Meeresalge, Krustentieren, Seelachs, Garnelen (Crevetten), Heilbutt und Hering enthalten.

Schenken Sie dem Salzkauf und -einsatz Beachtung. Im Reformhaus finden Sie auch das Kräutersalz von Erboristi Lendi, das 49 Prozent Meersalz und 51 Prozent Bio-Kräuter enthält; es ist geeignet zum Würzen von Salaten, Saucen, Fleisch und Gemüse. Himalaja-Kristallsalz (85 %) mit Kräutern aus kontrolliert biologischem Anbau ist beispielsweise von der Firma Morga erhältlich.

Geschmacks-
verstärker
Glutamat

Geschmacksverstärker können aus 17 verschiedenen Aminosäuren hergestellt werden, zum Beispiel Inosinat, Guanylat, Glutamat. Glutamat ist der am meisten verwendete Geschmacksverstärker.

Natrium-, Kalium-, Kalzium-, Ammonium- und Magnesiumglutamat haben die Nahrungsmittelzusatzstoffnummern E 621 bis E 625, es sind Salze der Glutaminsäure (E 620). Sie sind in reiner Form ein weisses, wasserlösliches Kristallpulver ohne Eigengeschmack. Die Glutamate werden als Geschmacksverstärker Streuwürzen, Fertiggerichten, Saucen, Wurstwaren, Konserven, Bouillonwürfeln, Kräuterbutter, Snacks, Süsswaren, Gebäck und Getränken beigegeben. Häufig werden Glutamat (E 620) und seine Abwandlungen (E 621 bis E 625) zusammen mit Guanylat (E 626 bis E 629) und Inosinat (E 630 bis E 633) von der Nahrungsmittelindustrie eingesetzt, da sie sich in ihren geschmacksverstärkenden Wirkungen ergänzen und unterstützen. Über die Reizung der Geschmackspapillen im Mund wird durch diese Stoffe der Geschmack eines Nahrungsmittels verstärkt. Der Verzehr von Nahrungsmitteln, denen Glutamat zugesetzt ist, ist nicht empfehlenswert, weil erstens der Geschmack nur künstlich hergestellt ist und zweitens weil diese Stoffe häufig Auslöser allergischer Reaktionen wie Kopfschmerzen, Migräne oder Asthma sind. Beim Einkaufen einen Blick auf die Zusammensetzung der Produkte zu werfen, lohnt sich. Glutaminsäure kann vom menschlichen Körper selbst hergestellt werden.

Aspergillus niger

Aspergillus niger ist ein Schwarzschimmelpilz. Er ist weltweit verbreitet, kommt aber in Höhen über 1500 Metern und in vegetationsarmen Gebieten wenig oder gar nicht vor. Der Pilz wächst bei extremen Lebensbedingungen, er erträgt Temperaturen zwischen 6 und 47 Grad sowie pH-Bereiche von 1,5 bis 9,8. Seine optimale Wachstumstemperatur liegt bei 35 bis 37 Grad. Wir nehmen die Sporen des Pilzes über die Atemwege und die Nahrung auf. Es lässt sich nicht vermeiden, dass unser Körper mit dem Aspergillus niger beziehungsweise mit dessen Sporen in Kontakt kommt. Komplexe immunbiologische Prozesse und Regelmechanismen des Organismus sind verantwortlich für den Verlauf seiner Entwicklungszyklen. Der Ablauf und Charakter der jeweiligen Stadien, auch im Zusammenhang mit dem Mucor racemosus, braucht uns hier nicht weiter zu beschäftigen. Das ist das Fachgebiet der Naturärzte und -ärztinnen der Biologischen Ganzheitlichen Medizin.

Wenn Sie einen Nahrungsmittelunverträglichkeits-Bluttest (Immunglobulin G) gemacht haben und wissen, dass Sie eine Immunreaktion auf Aspergillus niger machen, empfehle ich folgende Massnahmen zur Verminderung der Aufnahme von Pilzsporen:

· keine luftgetrockneten Nahrungsmittel wie Nüsse, Getreide, Speisepilze, Trockenfrüchte, Blatt-Tees, Hülsenfrüchte, Kräuter, Gewürze essen oder diese Nahrungsmittel gründlich reinigen: in einer Schüssel mit heissem Wasser übergiessen, schwenken und mit kaltem fliessendem Wasser abspülen.
· Vermeidung des Zusatzstoffes E 330 (Zitronensäure) (siehe Zutatenliste der jeweiligen Produkte).
· frische oder tiefgekühlte Kräuter verwenden.

Der Nahrungsmittelzusatzstoff E 330, Zitronensäure, ist häufig als Antioxidant in Getränken, Säften, Obsterzeugnissen, Konfitüren, Backwaren und Fertiggerichten zu finden. Er wird biotechnologisch durch hochgezüchtete Aspergillus-niger-Stämme, die Zitronensäure in die Nährlösung ausscheiden, gewonnen. Zitronensäure wird seit Anfang des 20. Jahrhunderts nicht mehr aus Zitronen hergestellt. Nahrungsmittel, die industriell hergestellte Zitronensäure enthalten, sollten besonders von Allergikern, Asthmatikern und von Menschen mit Candida albicans gemieden werden.

Alternativen zu Getränken mit künstlicher Zitronensäure sind:
· Zitronenwasser aus Wasser mit frisch gepresstem Zitronensaft
· Zitronen selber pressen oder beispielsweise Demeter-Zitronen-
  saft von Voelkel verwenden
· frisch gepresste Fruchtsäfte
· Wasser mit wenig selbstgemachtem Fruchtsirup
· Ingwertee aus frischem Ingwer
· Tee aus frischen Kräutern

Histamin

Histamin ist ein Gewebehormon, das wir einerseits mit der Nahrung aufnehmen und das andererseits vom Körper selbst gebildet wird. Damit der menschliche Organismus nicht mit Unmengen an Histamin konfrontiert ist, wird es abgebaut. Das Enzym Diaminoxidase baut das Histamin im Dünndarm ab. Hat man einen Mangel an Diaminoxidase (DAO), so spricht man von einer Histamin-Intoleranz. Die davon betroffenen Personen verfügen nicht über genügend Enzyme, um das Histamin abzubauen. Histaminreiche Speisen können bei ihnen deshalb zu ausgeprägten Symptomen führen und sollten konsequent gemieden werden. Man bezeichnet diese Form der Intoleranz als Pseudoallergie, weil sie allergieähnliche Symptome hervorruft, aber keine echte Allergie ist.

Bei chronisch-entzündlichen Darmerkrankungen, aber auch bei akuten Magen-Darm-Infekten ist die Aktivität der DAO beeinträchtigt, die in der oberen Schicht der Dünndarmschleimhaut gebildet wird. Das hat eine zeitweise Unverträglichkeit histaminreicher Speisen zur Folge.

Es gibt histaminfreie Lebensmittel, die Stoffe aus der Gruppe der biogenen Amine, zu denen beispielsweise auch Serotonin und Cadaverin gehören, enthalten. Beim Verzehr solcher Lebensmittel wird das DAO für den Abbau dieser Stoffe verbraucht und steht nicht zur Verfügung, wenn weiteres Histamin aufgenommen wird.

Andere Lebensmittel sind imstande, das gebundene Histamin freizusetzen. Man nennt sie Histaminliberatoren. Beim Verzehr dieser Lebensmittel kommt es zur spontanen Freisetzung von Histamin, was im Verdauungstrakt, in den Atemwegen, auf der Haut und an weiteren Organsystemen zu einer allergischen Reaktion führen kann. Auch Nahrungsmittelzusatzstoffe können bei Allergikern oder entsprechend disponierten Menschen als

Histaminliberatoren wirken. Andrerseits gibt es auch Stoffe, die die Diaminoxidase blockieren.

Der Begriff «Histamin» kommt auf keiner Zutatenliste vor. Ausserdem kann sich der Histamingehalt eines Nahrungsmittels vom Tage der Herstellung bis zum Verbrauch erhöhen. Der Histamingehalt eines Nahrungsmittels kann nicht durch Kochen gesenkt werden, Histamin ist hitzebeständig.

Bei einer Histaminunverträglichkeit muss also darauf geachtet werden, histaminfreie Lebensmittel zu konsumieren. So ist es ratsam, immer absolut frisches Fleisch bzw. frischen Fisch zu verwenden. Wenn Fisch oder Fleisch aufbewahrt wird, soll beides unmittelbar nach dem Kauf luftdicht verpackt, gekühlt oder eingefroren werden. Dadurch lässt sich die Umwandlung des Stoffes Histidin in Histamin verlangsamen. Gut gekühlter fangfrischer Fisch ist beinahe histaminfrei. Bei unsachgemässer Lagerung steigt der Histaminwert an.

Histidin ist eine eiweissbildende Aminosäure, die in grossen Mengen in tierischen Nahrungsmitteln vorkommt. Aus ihr entsteht bei der Lagerung und Weiterverarbeitung Histamin. Deshalb können Käse, Salami oder auch Wein zu wahren Histaminbomben heranreifen. Manchmal löst auch die Kombination und/oder die Summe der erwähnten Lebensmittel eine Reaktion aus. Durch den Genuss von Alkohol wird die Reaktion verstärkt. Jeder und jede muss selber ausprobieren, welche Lebensmittel er oder sie verträgt und welche nicht.

Die folgende Liste ist ohne Anspruch auf Vollständigkeit zu lesen.

Folgende Lebensmittel sind histaminhaltig und können Beschwerden verursachen:
· Kakaobohne (Schokolade in jeglicher Art und Form)
· Dosenwurst und Dosenfisch
· Thunfisch
· geräucherter, gesalzener und marinierter Fisch
· Leberwurst und andere Wurstwaren wie Salami, Aufschnitt, Rohschinken, Cervelat, Landjäger
· Käse, vor allem die Sorten, die lange reifen, wie Edamer, Camembert, Emmentaler, Gorgonzola, Parmesan, Roquefort, Cheddar
· Rohmilch und daraus gefertigte Milchprodukte
· Bier und Wein, vor allem Rotwein
· Sekt, Champagner, Weinbrand und Rum
· Essig und Nahrungsmittel, die in Essigmarinade eingelegt sind
· Sauerkraut

· Backhefe, Sauerteig, Backferment
· Hefeextrakt (Würzmittel)
· Schweinefleisch und Erzeugnisse daraus inkl. Kalbsbratwurst
· Spinat
· Tomaten
· Soja
· Avocado
· Auberginen
· Steinpilze und Morcheln

Zu den Histaminliberatoren gehören:
· Tomaten
· Erdbeeren
· Kiwi
· Ananas
· Alkohol
· Kaffee
· Orangen
· Zitronen
· Meeresfrüchte
· Eiklar

Lebensmittel mit einem hohen Anteil an biogenen Aminen, die das DAO zum Abbau der biogenen Amine verbrauchen:
· Bananen
· Pflaumen
· Walnüsse/Baumnüsse
· Erdnüsse
· Birnen
· Himbeeren
· Papaya
· Grapefruit

Auch Medikamentenwirkstoffe sind als Diaminoxidase-Hemmer bekannt; andere wiederum fördern die Freisetzung von Histamin. Zu diesen Substanzen gehören zum Beispiel Codein, Ambroxol, Metamizol, Acetylcystein, Metoclopramid, diverse Schlafmittel, Antibiotika, Antirheumatika und Antidepressiva. Setzen Sie ärztlich verordnete Medikamente nicht ohne Rücksprache mit Ihrem Arzt ab. Sprechen Sie Ihre Ärztin auf die Nebenwirkungen der verordneten Medikamente an. Fragen Sie nach histamin-liberierender oder diaminoxidase-hemmender Wirkung und nach Alternativpräparaten.

Milchzuckerunverträglichkeit (Laktoseintoleranz)

Milchzucker (Laktose) ist ein Zweifachzucker, der aus Glukose und Galaktose besteht. Milchzucker ist vor allem in Milch und Milchprodukten vorhanden. Im Verdauungstrakt wird der Milchzucker durch das im Dünndarm produzierte Enzym Laktase in Traubenzucker (Glukose) und Galaktose aufgespaltet. Diese beiden Einfachzucker gelangen nach komplexen Vorgängen schliesslich ins Blut. Eine Milchzuckerunverträglichkeit besteht, wenn der Körper nicht genügend Laktase produziert, um den aufgenommenen Milchzucker zu verdauen. Wenn die Kapazität des Enzyms Laktase durch die aufgenommene Milchzuckermenge überschritten wird, kann der Überschuss des Milchzuckers nicht aufgespaltet und vom Körper nicht aufgenommen werden. Der Milchzucker gelangt dann in tiefere Darmabschnitte, wo er von Bakterien zu Milchsäure, Essigsäure, Kohlendioxid und anderen Stoffwechselprodukten abgebaut wird. Dieser Vorgang erhöht den osmotischen Druck im Darm, was bewirkt, dass Wasser aus dem umliegenden Gewebe in den Darm hineingezogen wird. Gleichzeitig wirken die Säuren irritierend auf die Darmschleimhaut und fördern die Peristaltik. Dadurch entstehen die typischen Symptome der Laktoseintoleranz: Bauchbeschwerden wie Blähungen, Darmgase und Durchfall. Der Rückgang der Laktaseproduktion ist in der Regel die Folge des natürlichen Alterungsprozesses: Das Kleinkind produziert viel Laktase, um die Muttermilch verdauen zu können; diese Produktion nimmt nach dem zweiten Lebensjahr ab und kann im Erwachsenenalter ganz aufhören. Bei der Laktoseintoleranz handelt es sich also nicht um eine Nahrungsmittelallergie oder um eine immunologische Reaktionen; sie ist lediglich auf den Mangel von genügend Laktase zurückzuführen.

Ein Laktasemangel wird mit Hilfe des Hydrogen-Atemtests (H_2-Exhalationstest) oder des Laktosetoleranztests diagnostiziert. Verschiedene Untersuchungen haben gezeigt, dass Personen mit einer Laktoseintoleranz eine gewisse Menge Laktose durchaus gut vertragen. Welche laktosehaltige Lebensmitteln und vor allem wie viel davon vertragen werden, sollte individuell ausprobiert werden. Die Toleranzgrenzen sind von Mensch zu Mensch unterschiedlich. In der Regel führt der Verzicht auf laktosehaltige Lebensmittel innert weniger Wochen zu völliger Beschwerdefreiheit. Dabei ist zu beachten, dass Milchzucker nicht nur in Milchprodukten vorkommt. Wegen seiner technologischen Eigenschaften wird er in der Lebensmittelindustrie oft eingesetzt. So findet er sich unter anderem häufig in Fertiggerichten, Halbfertigprodukten, Süsswaren, Brot, Backwaren sowie Wurstwaren. Es lohnt sich deshalb, die Zutaten auf den Produkteverpackungen genau zu studieren.

In der folgenden Tabelle finden Sie die Laktosemengen verschiedener Milchprodukte: Kuhmilch hat einen Laktosegehalt von etwa 5 Gramm. Der Laktosegehalt der Milch von Schafen, Ziegen und Stuten ist vergleichbar hoch, sie sind deshalb als Alternativen ungeeignet. Als Ersatz eignen sich Vollreis-, Hirse-, Hafer-, Dinkel-, Gerste-, Mandel- oder Soja-Drink – je nach individueller Verträglichkeit. In den Rezepten in diesem Buch werden Vollreis- und Hirse-Drink bevorzugt, da sie glutenfrei und geschmacklich relativ neutral sind. Sie ersetzen Kuhmilch bestens in sämtlichen Gerichten, und zwar kalt oder warm verwendet. Als Rahm-Ersatz sind Soja-, Reis- oder Dinkelrahm empfohlen. Erkundigen Sie sich im Reformhaus, welches Milchersatzprodukt für Ihren Verwendungszweck geeignet ist. Butter als Brotaufstrich oder zum Backen lässt sich durch ein Pflanzenfett, zum Beispiel Vitagen, ersetzen. Achten Sie beim Kauf von Pflanzenfett auf gute Qualität, informieren Sie sich im Fachhandel. Weitere Informationen lesen Sie im Kapitel «Alternativen zu Kuhmilch, Hühnerei und Weizen».

Der Milchzuckergehalt verschiedener Milchprodukte

Milchprodukte	g Laktose pro 100 g
Butter	0,6-0,7
Joghurt	3,7-5,6
Rahm / Sahne (süss, sauer)	2,8-3,6
Kaffeerahm (10-15% Fett)	3,8-4,0
Kuhmilch (1,5% oder 3,5% Fett)	4,8-5,0
Milchpulver	38,0-51,5
Magermilchpulver	50,5
Kondensmilch (4-10% Fett)	10,8-12,5
Molke, Molkegetränke	3,5-5,2
Molkenpulver	65,9
Crème fraîche	2,0-3,6
Speisequark (10-40% Fett i. Tr.)	2,0-3,1
Magerquark	4,1

Pudding	2,8-6,3
Nougat	25,0
Schafmilch	4,7
Ziegenmilch	4,1
Stutenmilch	6,2
Buttermilch	3,5-6,0
Käsefondue (Fertigprodukt)	1,8
Schmelzkäse	2,8-6,3
Frischkäsezubereitungen 10-70% Fett i. Tr.	2,0-3,8
Halbhartkäse und Weichkäse wie Tilsiter, Camembert	Spuren / werden meist gut toleriert
Hartkäse wie Sbrinz, Parmesan, Emmentaler	werden normalerweise problemlos vertragen

Fruchtzuckerunverträglichkeit (Fruktoseintoleranz)

Fruchtzucker (Fruktose) ist ein Einfachzucker (Monosaccharid). Die Süsskraft von Fruktose ist ein Drittel stärker als diejenige von Haushaltszucker, der aus Saccharose besteht. Saccharose ist ein Zweifachzucker aus den Einfachzuckern Fruchtzucker und Traubenzucker. Der gegessene Haushaltszucker wird durch das Enzym Saccharase in die beiden Einfachzucker aufgespaltet, die dann mit Hilfe ihrer je eigenen Transportsysteme weitergeleitet werden. Einfachzucker bestehen nur aus einem Zuckermolekül und werden direkt dem Stoffwechsel zugeführt.

Der Einfachzucker Fruktose kann als Bestandteil von Früchten, Obst und Gemüse oder als Molekül eines Zweifach- oder Mehrfachzuckers in den Magen-Darm-Trakt gelangen. Die Dünndarmschleimhaut beherbergt verschiedene Transportsysteme, die Nährstoffe aufnehmen. Für die Aufnahme von Fruktose ist das GLUT-5-Transportsystem zuständig, das die Einzelmoleküle in die Dünndarmzellen hineinschleust. Ein anderes Transportsystem, das GLUT-2 genannt wird, gibt die Fruktosemoleküle aus den Dünndarmzellen in die Blutbahn ab. Mit dem Blut wird die Fruktose im Körper verteilt und steht als Energielieferant zur Verfügung. Ist die Aktivität des GLUT-5-Transportsystems aus irgendwelchen Gründen eingeschränkt oder überlastet, gelangt die Fruktose nur mangelhaft ins Blut. Diese Stoffwechselstörung bezeichnet man auch als Fruktosemalabsorption. Es han-

49

delt sich dabei nicht um eine Nahrungsmittelallergie, denn das Immunsystem ist an der Entstehung der Symptome nicht beteiligt.

Hereditäre und intestinale Fruktoseintoleranz

Man unterscheidet zwei Formen von Fruktoseintoleranz:

1. Die hereditäre Fruktoseintoleranz (HFI): Diese vererbte Stoffwechselstörung kommt sehr selten vor. Es handelt sich um eine schwere Stoffwechselerkrankung, die einer speziellen, ärztlich überwachten Therapie bedarf. Die Tips und Rezeptvorschläge in diesem Kochbuch sind für Menschen mit hereditärer Fruktoseintoleranz nicht geeignet.

2. Die intestinale Fruktoseintoleranz (IFI) oder die Fruktosemalabsorption: Diese Stoffwechselstörung kommt relativ häufig vor. Man schätzt, dass etwa ein Drittel der Bevölkerung davon betroffen ist. Die Ursache ist ein defektes oder überbelastetes GLUT-5-Transportsystem im Dünndarm. Die Defekte können angeboren oder im Laufe des Lebens entstanden sein. Die Beschwerden treten erst ab einer gewissen Menge konsumierter fruktosehaltiger Lebensmittel auf. Jeder Mensch hat seine individuelle Toleranzgrenze. Die Beschwerden können vorübergehend oder chronisch auftreten.

Fruchtzuckermalabsorption

Die Fruchtzuckermalabsorption führt dazu, dass der Fruchtzucker, der nicht aus dem Dünndarm aufgenommen werden kann, in den Dickdarm gelangt. Dort wird er von den Darmbakterien zu Wasserstoff, Kohlendioxid und kurzkettigen Fettsäuren verstoffwechselt. Kurzkettige Fettsäuren können wiederum in Alkohole und Aldehyde umgewandelt werden. Diese Stoffwechselprodukte werden zum Teil vom Darm aufgenommen und zum Teil abgeatmet. Der Fruchtzucker im Dickdarm hat ausserdem eine osmotische Wirkung: Dies hat zur Folge, dass Wasser aus dem umliegenden Gewebe in den Darm hineingezogen wird. Dadurch wird das Stuhlvolumen erhöht, und es kommt zu hörbaren Darmgeräuschen, krampfartigen Bauchschmerzen oder Durchfall. Die Gasansammlung im Dickdarm kann auch Spannungsgefühle im Bauchraum bewirken. Ein Teil dieser Gase kann in Form von Wasserstoff durch die Darmwand dringen und wird dann über die Lungen abgeatmet. Der andere Teil der Gase wird über Blähungen entsorgt. Dieses Geschehen ist diagnostisch messbar: Wasserstoff ist kurz nach Einsetzen des Fermentationsprozesses (Vergärung im Darm) in der Atemluft nachweisbar. Die Diagnose wird deshalb üblicherweise durch einen Atemtest gestellt. Menschen, die eine Fruktosemalabsorption haben, leiden oft unter

Blähungen, Bauchschmerzen, einem übelriechenden, breiigen Stuhl und/oder Durchfall. Weitere mögliche Begleiterscheinungen können Unruhe, Müdigkeit, Stimmungsschwankungen bis hin zu Depressionen sein. Die Beschwerden resultieren aus der Menge und der Kombination der eingenommenen Zuckerarten.

Die wichtigste Massnahme bei einer Fruktoseintoleranz ist die Einschränkung des Konsums oder das Weglassen folgender Nahrungsmittel:

· Obst, Früchte mit hohem Fruktosegehalt
· Dörrobst
· Fruchtsäfte, Limonaden
· Dicksäfte wie Birnen- und Apfeldicksaft, Agavendicksaft
· Honig
· stark gesüsste Produkte aller Art
· Fertigmüesli
· Milchprodukte mit Früchten
· Lebensmittel mit pro- oder präbiotischer Wirkung
· Konfitüren
· sogenannte Wellness- und Energiegetränke
· sorbithaltige Produkte, oft als zuckerfrei oder light bezeichnet
· Diabetikerprodukte

Wenn trotz des Meidens fruktosehaltiger Nahrungsmittel die Beschwerden nicht aufhören, liegt möglicherweise eine andere Resorptionsstörung vor. Suchen Sie den Rat eines Arztes oder einer Ärztin. Oft treten auch Frucht- und Milchzuckerintoleranz zusammen auf.

Störungen aufgrund einer Intoleranz hängen nicht nur von der absoluten Fruktosemenge, die aufgenommen wird, ab. Auch das Mengenverhältnis von Fruchtzucker zu Traubenzucker hat einen grossen Einfluss. Denn grundsätzlich wird Fruktose besser vertragen, wenn man sie mindestens im Verhältnis 1:1 zu Glukose (Traubenzucker) aufnimmt. Bei einigen Früchten, wie beispielsweise Bananen, Zitronen, Nektarinen, Brombeeren, Wassermelonen und Rhabarber, ist dies von Natur aus der Fall. Dasselbe gilt auch für Haushaltszucker: Mit jedem Molekül Fruchtzucker wird gleichzeitig ein Molekül Traubenzucker aufgenommen. Denn die gleichzeitige Aufnahme von Glukose (Traubenzucker) fördert die Verstoffwechslung von Fruktose. So kann die Fruktoseaufnahmefähigkeit erhöht werden. Aber Vorsicht: Traubenzucker hat eine abführende Wirkung und kann bei Einnahme grösserer Mengen zu denselben Beschwerden wie die Fruktosemalabsorption führen.

Gehalt an Glukose, Fruktose und Saccharose (g je 100 g)

Früchte	Fruktose	Glukose	Saccharose	Verhältnis Fruktose zu Glukose
Apfel	5,74	2,03	2,55	2,83
Apfel, getrocknet	27,80	9,80	12,30	2,83
Ananas	2,44	2,13	7,83	1,14
Aprikose	0,87	1,73	5,12	0,50
Aprikose, getrocknet	4,88	9,69	28,70	0,50
Banane	3,40	3,55	10,30	0,95
Birne	6,73	1,67	1,81	4,03
Brombeere	3,11	2,96	0,17	1,05
Dattel	24,90	25,00	13,8	1,00
Erdbeere	2,30	2,17	1,00	1,06
Feige, getrocknet	23,50	23,50	5,90	0,91
Grapefruit	2,10	2,38	2,93	0,88
Himbeere	2,05	1,75	0,97	1,17
Honigmelone	1,30	1,60	9,50	0,81
Johannisbeere rot	2,49	2,01	0,28	1,23
Kirsche süss	6,14	6,93	1,93	0,90
Mandarine	1,30	1,70	7,10	0,76
Mango	2,60	0,85	9,00	3.06
Orange	2,58	2,27	3,41	1,14
Papaya	0,33	0,99	4,40	0,33
Pfirsich	1,23	1,03	5,73	1,19
Pflaume	2,01	3.36	3,34	0,60
Pflaume, getrocknet	9,37	15,70	15,80	0,60
Rosine	31,60	31,20	1,90	1,01
Trauben	7,44	7,18	0,20	1,04

Bei den aufgeführten Mengen handelt es sich um Durchschnittswerte, die von Sorte und Reifezustand abhängig sind. Ist das Verhältnis von Fruktose zu Glukose grösser als 1, verursacht dies oft Probleme. Liegt der Wert unter 1, enthält das Lebensmittel mehr Glukose als Fruktose. Diese Lebensmittel sind oft besser verträglich. Ist der Zuckergehalt (Saccharose) insgesamt hoch, empfiehlt es sich, auf diese bei Fruktoseintoleranz zu verzichten.

| Gemüse | Gemüse hat einen sehr viel kleineren Fruktosegehalt als Früchte. Meist werden fruktosearme Gemüsesorten wie Zucchini, Aubergine, Knollensellerie, Pastinake, Spargel, Erbsen, Blattspinat, Avocado, Randen, Endivie und Feldsalat gut vertragen. Hingegen erweisen sich Gemüse mit vielen Ballaststoffen oft als schwer verdaulich. Man kann Ballaststoffe deshalb nicht generell als gesund bezeichnen. Denn sie können bei den Menschen, die ohnehin unter Verdauungsbeschwerden leiden, die Probleme verstärken. Meiden Sie daher vor allem zu Beginn einer Ernährungsumstellung Kohlgemüse, Lauch, Linsen und Bohnen. Auch Brot und Backwaren mit hohem Ballaststoffanteil sind oft schlecht bekömmlich. Die Verträglichkeit von Lebensmitteln hängt also von verschiedenen Faktoren ab. Testen Sie selbst, welche Lebensmittel für Sie persönlich gesund und bekömmlich sind und verzichten auf diejenigen, die Ihnen Beschwerden verursachen. |

| Zuckeraustauschstoffe | Meiden Sie bei einer Fruktoseintoleranz auch Zuckeraustauschstoffe wie Sorbit (E 420), Xylit (E 967), Mannit (E 421), Isomalt (E 953), Maltit (E 965) oder Lactit (E 966). Zuckeraustauschstoffe sind Zuckeralkohole, die ohne Insulin verstoffwechselt werden. Sie blockieren aber das GLUT-5-Transportsystem, welches für die Aufnahme von Fruchtzucker im Dünndarm verantwortlich ist und hemmen so den Abtransport von Fruktose. Neben der Fruchtzuckerunverträglichkeit gibt es auch Unverträglichkeiten auf Zuckeraustauschstoffe; man benennt sie je nach dem Zuckeraustauschstoff. |

Die Sorbitunverträglichkeit beispielsweise und die intestinale Fruktoseintoleranz hängen eng zusammen und kommen häufig kombiniert vor. Sorbit ist ein Zuckeraustauschstoff, der natürlicherweise auch in einigen Früchten wie Pflaumen, Birnen, Äpfel, Pfirsichen, Rosinen oder Datteln vorkommt. Industriell wird Sorbit aus Glukose hergestellt. Das feine weisse Pulver ist leicht wasserlöslich sowie koch- und backfest. Sorbit ist weniger süss als Haushaltszucker. Es wird oft als Zusatzstoff E 420 für kalorienreduzierte Lebensmittel, Getränke, Süssigkeiten und sogenannt zahnfreundliche Produkte wie Kaugummi und Bonbons verwendet. Es dient als Feuchthaltemittel, Süssungsmittel, zur Oberflächenbehandlung, zur Verbesserung der Haltbarkeit, als Stabilisator und ist Bestandteil von Mischbackhilfsmitteln. Ob ein Nahrungsmittel Zuckeraustauschstoffe beinhaltet, ist auf der Zutatenliste ersichtlich.

Süssstoffe

Im Unterschied zu Zuckeraustauschstoffen werden sogenannte Süssstoffe vom Körper nicht resorbiert und beeinflussen deshalb auch die Transportsysteme nicht. Süssstoffe liefern keine Energie und haben keine Auswirkungen auf Insulin- und Blutzuckerspiegel. Sie werden vom Körper nahezu unverändert wieder ausgeschieden. Süssstoffe haben eine 30- bis 3000mal höhere Süsskraft als Haushaltszucker. Es handelt sich um rein synthetische Produkte ohne Vorbilder in der Natur. Sie werden beispielsweise Aspartam, Acesulfam, Cylamat, Saccharin, Neotam, Neohesperidin DC oder Thaumatin genannt. Da ungeklärt ist, ob Süssstoffe negative Auswirkungen auf die Gesundheit haben, empfiehlt es sich, sie zu meiden.

Alternativen zu Fruchtzucker

Sehr gut geeignete Süssungsmittel ohne Fruchtzucker sind:
· Reissirup: siehe Kapitel «Süssungsmittel».
· Stevia: siehe Kapitel «Süssungsmittel».
· Malzzucker (Maltose): ist ein Zweifachzucker. Maltose wird durch das Enzym Maltase in zwei Glukose-Moleküle aufgespaltet. Malzzucker wird durch biochemischen Abbau von Stärke, meist aus Gerste, hergestellt. Es hat eine milde Süsskraft.
· Traubenzucker (Glukose, Dextrose): ist ein Einfachzucker. Traubenzucker wird von allen Zuckerarten am schnellsten vom Körper aufgenommen. Im Handel ist er als weisses, leicht lösliches Pulver erhältlich. Es ist back- und kochfest. Traubenzucker wird vorwiegend aus isolierter Mais- oder Kartoffelstärke produziert. Die Süsskraft ist etwas geringer als diejenige des Haushaltszuckers. Wenn Sie Traubenzucker anstelle von Zucker für Ihre Rezepte verwenden möchten, berechnen Sie die benötigte Menge Traubenzucker mit folgender Formel:
Anzahl g Zucker x 1,3 = Menge g Traubenzucker
Beispiel: Für Muffins benötigen Sie 120 g Vollrohrzucker, das entspricht 156 g Traubenzucker.
Bitte beachten: Traubenzucker sollte nicht längere Zeit und in grösseren Mengen konsumiert werden, da Traubenzucker abführend wirkt.

Individuelle Austestung

Leiden Sie unter einer Fruktoseintoleranz, besprechen Sie das Vorgehen bei der Ernährungsumstellung mit einer Fachperson. Über längere Zeit vollständig auf Obst und Gemüse zu verzichten, ist nicht empfehlenswert. Eine vorübergehende Verzichtsphase von zwei bis drei Wochen wird meist notwendig sein, um den Darm zu beruhigen. Danach folgt in der Regel eine längere Testphase, in der Sie Ihre individuellen Toleranzgrenzen ausprobieren.

Hyper- oder Hypoaktivität

Es gibt immer mehr Kinder in jedem Alter, die mit auffälligem, unangepasstem Verhalten in der Schule und zu Hause Mühe bereiten. Aus eigener Erfahrung weiss ich, wie anstrengend und kräfteraubend die Erziehung oder Begleitung eines solchen Kindes als Mutter, Vater, Betreuer oder Schulfachkraft ist. Doch oft leiden die betroffenen Kinder mehr als ihre Umgebung unter den eigenen Verhaltensauffälligkeiten.

Hyperaktive oder hypoaktive Kinder haben nicht einen schlechten Charakter, sondern sind krank. Je nach Sichtweise der behandelnden Fachperson werden diese Störungen verschieden therapiert. Diese Hirnfunktionsstörungen werden POS, ADHD und ADD, ADS, MCD oder wie auch immer genannt. Auf die Symptomatik im einzelnen und auf die Behandlungsmethoden möchte ich nicht eingehen, dazu gibt es genügend Fachliteratur.

Ein wichtiger Bereich in der Therapie dieser Kinder ist die Ernährung. Oft haben hyperaktive Kinder Nahrungsmittelunverträglichkeiten oder Allergien, vielfach ist ihr Organismus übersäuert. Deshalb muss abgeklärt werden, welche Lebensmittel Immun-Reaktionen auslösen. Lassen Sie sich von einer naturheilkundlichen Fachperson beraten. Eine Ernährungsumstellung unterstützt die Therapie wesentlich.

Die Nahrungsmittelzusatzstoffe E 338 bis E 341 (Orthophosphorsäure, Phosphate) sind nicht nur Konservierungs- und Antioxidationsmittel sowie Säureregulatoren, sondern auch Stabilisatoren, Emulgatoren und Rieselstoffe. Sie stehen im Verdacht, Auslöser von kindlicher Hyperaktivität zu sein.

Lebensmittelqualität

Das Wort «Qualität» leitet sich vom lateinischen qualitas ab und heisst übersetzt Beschaffenheit. Die Lebensmittelqualität als Summe sämtlicher Eigenschaften und der Beschaffenheit eines Lebensmittels ist wissenschaftlich nicht einfach zu definieren. Sie beinhaltet viele Aspekte, die ständigen Veränderungen unterworfen sind. Widersprüche ergeben sich aus den unterschiedlichen Interessen von Hersteller, Verarbeiter, Händler und Verbraucher. Während für den Landwirt die Ertragskraft einer Nutzpflanze ein wichtiges Kriterium ist, sind es für die Nahrungsmittelindustrie die technologischen Merkmale, für den Nahrungsmittelhandel die Lager- und Transportfähigkeit und für Sie als Verbraucher das Aussehen, der Geruch, der Geschmack oder der Gehalt an essentiellen Inhaltsstoffen.

Traditionell werden bei der Lebensmittelqualität drei Kategorien unterschieden:
· Genusswert (Aussehen, Geruch, Geschmack, Konsistenz, Temperatur)
· Gesundheitswert (ernährungsphysiologischer Wert)
· Eignungswert (Gebrauchswert, Verwendungswert, Kriterien je nach Zielgruppe)
Bei der Vollwert-Ernährung kommen folgende Kategorien dazu:
· psychologischer Wert (Freude, Genuss, Ersatzbefriedigung, Werbung)
· soziokultureller Wert (soziales Umfeld, gesellschaftliche Einflüsse)
· ethischer Wert (Tierschutz, fairer Handel)
· ökologischer Wert (Umweltbelastung, Verpackung)
· ökonomischer Wert (Marktwert, Handelswert, Lebensmittel als Ware)
· eigenen Beitrag zur Nachhaltigkeit und sozialen Gerechtigkeit leisten (Fair trade, lokale Produkte)

Die Vermarktung orientiert sich vor allem an äusseren Merkmalen wie Grösse, Form, Farbe, Schönheit der Produkte. Doch diese Fokussierung auf Äusserlichkeiten ist für den Verbraucher problematisch, da sie nichts über die ernährungsphysiologische Qualität aussagen.

Durch bewusste Lebensmittelwahl können Sie Ihren Teil zu einem umweltverträglicheren Ernährungssystem beitragen. Kaufen Sie deshalb regionale, saisonale und frische Produkte (keine Tiefkühlprodukte), gering verarbeitete und umweltverträglich verpackte Lebensmittel ein. Achten Sie auf fairen Handel.

Nicht jeder Haushalt ist in der glücklichen Lage, Gemüse und Salat aus dem eigenen Bio-Garten zu ernten. Doch gibt es bestimmt auch in Ihrer Wohnregion einen Bio-Bauern, der im Hofladen seine Produkte an private Verbraucher verkauft. Der

Verzehr von saisongerechten Lebensmitteln respektiert den Rhythmus der Jahreszeiten. Vorfreude auf kommende Gemüse und Früchte macht den Genuss umso intensiver!

Auf der Homepage von Bio Suisse, www.knospehof.ch, finden Sie die Bio-Bauernhöfe in Ihrer Wohngegend unter dem Titel «Einkaufen auf dem Biohof» mit Angeboten, Spezialitäten, Lieferbedingungen, Öffnungszeiten und weiteren Informationen.

Empfehlenswerte, zertifizierte Bio-Produkte

Viele Lebensmittel sind mit einem Label oder Signet gekennzeichnet. Der WWF Schweiz hat aufschlussreiche Bewertungen definiert, die Ihnen als Konsument oder Konsumentin das Einkaufen von ökologisch und ethisch hochstehenden Produkten erleichtern.

Der WWF Schweiz bewertete alle Label-Produkte aufgrund ihrer Richtlinien, Weisungen und Lizenzverträge. Alle vom WWF aufgeführten Label verbieten den Einsatz von gentechnisch veränderten Rohstoffen in Nahrungs- und Futtermitteln. Weitere Angaben dazu finden Sie im Anhang.

In meiner Küche verwende ich grundsätzlich nur Produkte, deren Herstellung die folgenden Kriterien erfüllt:
· konsequente Bioproduktion ohne Einsatz von chemisch-synthetischen Düngern und Pflanzenschutzmitteln
· die Produzenten ergreifen besondere Massnahmen zum Schutz der Artenvielfalt und Kulturlandschaft
· sozial gerechte Arbeitsbedingungen (keine Kinder- und Zwangsarbeit, keine Diskriminierung von Arbeitnehmenden)
· keine Aromazusätze und Farbstoffe
· nur natürliche Konservierungsstoffe
· keine gentechnologisch veränderten Zutaten
· Eindämmung des CO_2-Ausstosses
· unabhängige jährliche Kontrollen und Zertifizierung

Für Fleisch:
· regelmässiger Auslauf und vorbildliche Stallhaltung
· strenge Vorschriften im Umgang mit Medikamenten

Für Fisch:
· Sicherung natürlicher Fischbestände
· Reduktion von Beifang
· artgerechte Haltung in Zuchten

Hier einige Label, die ich empfehlen kann:

· kagfreiland ist das Bio-Label mit den strengsten Tierhaltungsvorschriften der Schweiz. Das Wohl der Tiere beeinflusst die Qualität des Fleisches. Die kagfreiland-Tiere haben beispielsweise täglich im Sommer wie im Winter Auslauf ins Freie und dürfen maximal eine Stunde oder 30 Kilometer weit mit dem Auto transportiert werden.

· Bio Suisse ist der Dachverband der rund 6000 biologisch produzierenden Knospe-Bäuerinnen und -Bauern der Schweiz. Sie produzieren hochwertige Bioprodukte ohne Wenn und Aber. Die strengen Richtlinien von Bio Suisse beschränken sich nicht allein auf die Herstellung der Rohprodukte, sondern schliessen auch die Verarbeitung und die Verwendung von Zutaten und Zusatzstoffen ein.

· Das Ziel der biologisch-dynamischen Landwirtschaft Demeter ist es, Pflanzen und Tiere in ihrer art- und wesensgemässen Entwicklung zu unterstützen. Die Tiere werden artgerecht gehalten. Konventionelle Futterbestandteile sind nicht erlaubt. Der Bauer beachtet und nutzt die Rhythmen von Natur und Kosmos. Er gestaltet seinen vielseitigen Hof zu einem individuellen Ganzen. Weitere Informationen zu den erwähnten Organisationen finden Sie im Anhang.

Produkte aus IP und Horssol-Produktion meiden

Die Integrierte Produktion (IP) ist keine Anbaumethode. Sie ist ein Mittelweg zwischen dem herkömmlichen und dem biologischen Landbau. Bei der integrierten Produktionsweise wird ein zurückhaltender Umgang mit chemischen Dünge- und Pflanzenschutzmitteln praktiziert. Die Düngung erfolgt aufgrund von regelmässigen Bodenanalysen und richtet sich nach dem effektiven Bedarf. Es werden Anstrengungen unternommen, um möglichst naturgemäss anzubauen und den Einsatz von chemisch-synthetischen Dünge- und Pflanzenschutzmitteln geringzuhalten. Das heisst, es wird resistenteren Sorten der Vorzug gegeben, und auch Techniken wie Mulchen, Gründüngung usw., die sich im Biolandbau bewährt haben, werden angewendet. Neben diesen aus meiner Sicht begrüssenswerten Ansätzen gibt es viele IP-Richtlinien, die sehr allgemein gehalten oder lediglich als Empfehlung formuliert und daher unverbindlich sind. Aus diesen Gründen ziehe ich zertifizierte biologische Produkte vor.

Eine Pflanze wächst auch ohne Erde. In der praktischen Anwendung dieser Erkenntnis werden Nutzpflanzen in Gewächshäusern auf Steinwolle oder Kunststofffolien hors-sol – ausserhalb des Bodens – gezogen. Eine computergesteuerte Nährstofflösungszufuhr ermöglicht eine optimale Versorgung der Pflanzen. Die Jahreszeiten und das Klima spielen kaum mehr eine Rolle. Eine Nahrung, die den Menschen auf allen Ebenen nährt und Lebenskraft gibt, basiert aber auf lebendigen und naturbelassenen Stoffen, die aus ihrer natürlichen Umwelt stammen. Erst so werden Nahrungsmittel zu Lebensmitteln.

Ernährungsumstellung in der Familie

Was heisst für Sie «Lebensmittelqualität»? Diskutieren Sie das einmal in Ihrer Familie, beziehen Sie unbedingt die Kinder mit ein. Das weckt und fördert das Bewusstwerden und die Verantwortung allgemein dem Essen und der Gesundheit gegenüber und bietet einen guten Ansatz für eine Ernährungsumstellung. Formulieren Sie Ihre eigene Familiendefinition, schreiben Sie sie auf. Sie werden sehen, es ist spannend zu hören, welche Erwartungen jedes einzelne Familienmitglied an die Qualität der Lebensmittel hat, die es zu sich nimmt.

Die Voraussetzung einer interessanten, konstruktiven und lehrreichen Familienkonferenz ist Ihre eigene Offenheit und Bereitschaft zur Veränderung. Unausgesprochene Bedenken oder Widerwillen Ihrerseits – und sind sie noch so klein – spüren die Kinder. Sie blockieren das In-Gang-Kommen und den Erfolg des Umstellungsprozesses.

Für viele Menschen, aber vor allem für Kinder, ist es schwierig, ungesunden Nahrungsmitteln zu widerstehen, besonders wenn diese Sachen gerade im Trend sind. Eine aufgezwungene Erkenntnis hält nicht lange an, weil die äusseren Einflüsse und die gewohnten Vorlieben über kurz oder lang stärker sind. Leidensdruck und Vernunft reichen meist nicht aus, diesen Prozess durchzuziehen. Wiederholte Aufmunterungen und die Erinnerung an die gemeinsam erarbeitete Definition sind immer wieder nötig.

Die Motivation wächst, wenn alle bei der Zusammenstellung des Speiseplans, der Rezeptauswahl, beim Einkaufen und bei der Zubereitung der Gerichte miteinbezogen werden. Mit der Zeit entwickelt sich eine neue Einstellung, und plötzlich schmecken die alternativen Guetzli, Kuchen usw. besser als alles Bisherige.

Wenn nur ein Familienmitglied eine Ernährungsumstellung braucht, um gut und gesund leben zu können, ist es besonders wichtig, dass die ganze Familie diese mitträgt. Das erleichtert dem oder der Betroffenen die Einhaltung der neuen, ungewohnten Ernährungsform. Die betroffene Person soll sich nicht ausgegrenzt fühlen.

Prävention und Gesunderhaltung

Für eine gesunde Ernährung genügt es nicht, sich allein an den Inhaltstoffen der Lebensmittel wie Vitamine, Mineralstoffe, Spurenelemente, Ballaststoffe, Proteine, Kohlenhydrate und Fette zu orientieren. Grundsätzlich dienen gesunde Lebensmittel der ausreichenden und ausgewogenen Versorgung mit Nährstoffen und der Entsorgung von schädlichen oder nicht verwertbaren Substanzen wie Immunkomplexen, Stoffwechselabbauprodukten und Giftstoffen. In diesem Entsorgungsprozess können wir unseren Körper unterstützen, indem wir genügend Wasser trinken, Faserstoffe (Zellulose) hauptsächlich in Form von Obst und Gemüse zu uns nehmen und körperlich aktiv sind.

Wasser
Trinken Sie viel Wasser – am besten kohlensäurefreies und mineralienarmes Wasser. Limonade, Bier, Kaffee oder kohlensäure- und stark mineralienhaltiges Wasser können keine Giftstoffe mehr aufnehmen, sie sind bereits gesättigt. Das Wasser dient nicht nur als Durstlöscher, sondern seine Hauptaufgabe ist die Spülfunktion.

Die benötigte Flüssigkeitsmenge ist individuell: Als Faustregel gilt täglich 30 Milliliter Wasser pro Kilogramm Körpergewicht. Das heisst: Ein 80 Kilogramm schwerer Mann sollte 2,4 Liter Wasser, eine 50 Kilogramm schwere Frau 1,5 Liter Wasser trinken pro Tag.

Kaffee, Wein, Bier und Süssgetränke wie Sirup und Eistee sind Genussmittel und zählen nicht zur Deckung des Flüssigkeitsbedarfs.

Idealerweise trinkt man zwischen den Mahlzeiten: 15 bis 30 Minuten vor und ab 2 Stunden nach den Hauptmahlzeiten. Zum Essen sollte man nur wenig trinken, da dadurch die Verdauungssäfte verdünnt werden, was den Verdauungsvorgang verzögert.

Am besten für die Gesundheit unseres Körpers ist reines Quellwasser aus einer artesischen Quelle. Eine artesische Quelle tritt von sich aus an die Erdoberfläche. Solches Wasser hat auf seinem Lauf durch die Gesteinsschichten bis zu seinem Austritt alle natürlichen Schwingungen aufgenommen und gespeichert. Eines der leichtesten, das heisst mineralienarmen, Wasser Europas ist Lauretana. Es entspringt im 4600 Meter hohen Monte-Rosa-Massiv und ist im Reformhaus erhältlich. Ein natürliches Schweizer Mineralwasser aus artesischer Quelle ist das Heidiland-Wasser aus Mels.

Tafelwasser ist kein Quellwasser, sondern meist mit Kohlensäure versetztes Leitungswasser. Die Qualität des örtlichen Leitungswassers ist je nach Region verschieden und kann möglicherweise durch hohen Düngereinsatz in einer intensiv bewirtschafteten Landwirtschaftszone belastet sein (Nitrat). Durch den Druck in den Wasserleitungen wird die Struktur des Wassers zerstört.

Eine natürliche und kostengünstige Methode der Wasserbelebung erreichen Sie durch Quarzkristalle: Nehmen Sie eine Handvoll roher oder geschliffener Quarzkristalle, beispielsweise Rosenquarz, Bergkristall oder Amethyst, und legen Sie sie in eine Glaskaraffe. Füllen Sie die Karaffe am Abend mit so viel Leitungswasser auf, wie Sie am nächsten Tag brauchen. Die Kristalle vermitteln über Nacht dem Wasser die fehlende Struktur. Schadstoffe werden auf diese Weise allerdings nicht aus dem Wasser entfernt.

Die drei Hauptmahlzeiten

Eine gesunde Ernährung stützt sich auf die drei Hauptmahlzeiten Frühstück, Mittag- und Abendessen. Je nach Nährstoffbedarf, der vor allem bei Sportlern und bei starker körperlicher oder geistiger Arbeit erhöht sein kann, kann eine Zwischenverpflegung eingenommen werden. Die optimale Zusammensetzung der Zwischenverpflegung richtet sich nach dem individuellen Bedarf und den individuellen Verträglichkeiten. Der idealste zusätzliche Energielieferant ist pflanzliches Fett in Form von Nüssen, beispielsweise Paranüsse oder Mandeln, oder ölhaltige Samen wie Kürbiskerne, Sonnenblumenkerne oder Oliven.

Das ständige Essen von Kleinigkeiten wie Gipfeli, Kuchen, Guetzli, Süssigkeiten aller Art und das Trinken von Limonaden zwischen den Mahlzeiten sollte unterlassen werden, damit sich erstens ein gesunder Hunger auf die Hauptmahlzeiten einstellen kann und zweitens der Stoffwechsel entlastet wird. Diese Kleinigkeiten führen dem Körper meist zu viel Zucker (Zweifachzucker) und/oder Stärke (Kohlenhydrate, Mehrfachzucker) zu, und der Blutzuckerspiegel steigt dadurch erneut an.

Der Blutzuckerspiegel wird durch das Wechselspiel von zwei Peptidhormonen, Insulin und Glukagon, die von Zellen (Langhans-Inseln) der Bauchspeicheldrüse gebildet werden, reguliert. Ist der Blutzuckerspiegel erhöht, wird Insulin ins Blut freigesetzt. Das Insulin wird für die Verstoffwechslung benötigt. Es aktiviert unter anderem den Aufbau von Glykogen, einer Speicherform von Glukose, aus dem Glukoseüberschuss und ist für die Versorgung der Zellen mit Kohlenhydraten, Fetten und Eiweissen verantwortlich. Glukose (Traubenzucker, Dextrose) ist der wichtigste Einfachzucker im menschlichen Organismus und sein Hauptenergieträger. Ist der Blutzuckerspiegel tief, fördert das Hormon Glukagon als Gegenspieler des Insulins den Abbau von Glykogen zu Glukose. Andrerseits fördert Glukagon die Glukoseneubildung, die Glukoneogenese, aus Milchsäure und anderen Substanzen, die im Stoffwechselprozess entstehen. Diese komplexe hormonelle Regulation sollte im gesunden Gleichgewicht bleiben, um keine Störungen im Stoffwechselablauf mit allenfalls krankmachenden Spätfolgen zu bewirken. Das heisst der Insulinspiegel sollte nicht immer hoch sein, indem dem Körper ständig Nahrungsmittel zugeführt werden.

Frühstück:
- Müesli mit verschiedenen Getreideflocken an Mandel-, Soja-, Reis- oder Hirse-Drink, angereichert mit Dörrfrüchten, Nüssen, frischen Früchten und Obst, Zutaten möglichst oft variieren – alles je nach individueller Verträglichkeit.
- selbstgebackene Waffeln oder Brot, bestrichen mit Butter und Konfitüre oder beispielsweise mit Ahornsirup.
- rohes oder gekochtes Obst – je nach Verträglichkeit.
- Getreidebrei mit Obstkompott, beispielsweise Hirsebrei, siehe Rezept Seite 97.

Mittagessen:
- Rohkost, verschiedene Blatt- oder Wurzelsalate, mit Kohlenhydratlieferanten wie Kartoffeln, Reis, Getreide oder Teigwaren ohne Eierzusatz – je nach Verträglichkeit, Rezepte dazu finden Sie in der Rezeptsammlung.
- Rohkost mit Eiweisslieferanten wie Fleisch, Fisch, Geflügel, Hülsenfrüchte, Tofu, Linsen in kleinen Portionen.
- Nach 17 Uhr sollte keine Rohkost, also keine rohen Früchte, Gemüse und Salate, mehr gegessen werden, da Rohkost schwer verdaulich ist.

Abendessen:

· Eiweisslieferanten wie Fleisch, Fisch, Geflügel, Hülsenfrüchte, Tofu, Linsen in kleinen Portionen.
· Als Beilage eignet sich gekochtes Gemüse.
· Die Kohlenhydratlieferanten Kartoffeln, Reis, Getreide oder Teigwaren sollten nach Möglichkeit nicht am Abend gegessen werden.
· Ein gut verdauliches Abendessen besteht aus gekochtem Gemüse, im Wok oder Dampfgarer bzw. Steamer gegartem Gemüse oder einer reichhaltigen, frisch hergestellten Gemüsesuppe.

Idealerweise sollte ein pflanzliches Eiweiss wie Tofu, Erbsen, Bohnen, Linsen, oder ein säurebildendes Kohlenhydrat, zu denen Getreide und Reis gehören, mit einem basischen Lebensmittel zu gleichen Teilen kombiniert werden.

Wenn Sie Fleisch, Geflügel oder Fisch essen möchten, würde ich ein Teil tierisches Eiweiss mit zwei Teilen basischer Lebensmittel wie Kartoffeln, Gemüse, Obst und Salat kombinieren.

Grundsätzlich gelten die stark eiweisshaltigen Lebensmittel als säurebildend. Sie sollten mit Mass konsumiert und immer mit basenbildenden Lebensmitteln gegessen werden.

Wählen Sie die Ihnen bekömmliche Variante je nach Ihrem Nährstoff- und Energiebedarf, Ihren Essgewohnheiten und Nahrungsmittelverträglichkeiten aus. Bei Unsicherheiten fragen Sie Ihren Therapeuten um Rat.

Der Säure-Basen-Haushalt

Der Säure-Basen-Haushalt schafft die Grundvoraussetzung für alle geregelten Stoffwechselprozesse im menschlichen Körper. Er sorgt dafür, dass das Verhältnis von Säuren und Basen im Organismus innerhalb enger Grenzen gehalten wird. Im Körper entstehen ständig Säuren. Mit der Nahrung nehmen wir unterschiedliche Mengen Säuren und Basen auf; dazu kommen die Säuren, die bei den Stoffwechselvorgängen entstehen. Die Ernährung hat einen starken Einfluss auf die Säure-Basen-Balance unseres Körpers. Der Körper besitzt verschiedene Schutzmechanismen, sogenannte Puffersysteme, um immer wieder den Säure-Basen-Ausgleich herzustellen. Alle Lebensvorgänge im menschlichen Körper können nur störungsfrei ablaufen, wenn das Säure-Basen-Verhältnis stimmt. Fehlen dem Organismus auf Dauer die notwendigen Mineralsalze durch eine zu basenarme Ernährung, entsteht eine Übersäuerung im Körper. Die Säure kann im Bindegewebe eingelagert werden und die Funktion des Körpers beeinträchtigen. In der Naturheilkunde werden

Ursachen oder Folgen und Verlauf von bestimmten Krankheiten einer chronischen Übersäuerung zugeschrieben.

Säuren entstehen insbesondere nach dem Verzehr von tierischen Eiweissen, insbesondere von Fleisch und Käse, Zucker und Getreideprodukten. Demgegenüber hat ein Grossteil der pflanzlichen Lebensmittel, vor allem frisches Gemüse, reifes Obst, Blattsalate und Esskastanien, eine basische Wirkung.

Eine Ernährung aus 30 Prozent säurebildenden und 70 Prozent basenbildenden Lebensmitteln sorgt für ein korrektes Darmmilieu und einen optimalen Stoffwechsel.

Untersuchungen haben gezeigt, dass durch jede starke körperliche Aktivität, also auch beim übermässigen Sport, im Körper Säurebelastungen entstehen. Zur Vermeidung einer Übersäuerung ist deshalb für Leistungssportler eine basenreiche Ernährung besonders wichtig.

Genügend Bewegung im Freien, ausreichend Wasser trinken und eine positive Lebenshaltung – Vermeidung von Stress und Ärger – wirken unterstützend.

Gesunde Vollwerternährung

Was ist eine gesunde, vollwertige Ernährung? Zuerst: Vollwert heisst nicht nur Vollkorn. Die bei der Vollwertkost hauptsächlich verwendeten Lebensmittel sind nebst den Vollkornprodukten Kartoffeln, Hülsenfrüchte, Quinoa, Amaranth, Gemüse und Obst. Dazu kommen ein- bis zweimal pro Woche geringe Mengen Fleisch (kein Schweinefleisch!), Geflügel, Ei oder Fisch. Allergiker verzichten vollständig auf Eier, Milch und Milchprodukte.

Bevorzugen Sie gering verarbeitete Lebensmittel aus kontrolliert biologischem Anbau. Je naturbelassener desto besser, desto ganzheitlicher. Die schonende Zubereitung der Gerichte ist ebenso wichtig wie ihre Qualität. Das heisst, dass das frische Gemüse und der Salat erst kurz vor der Weiterverarbeitung oder dem Verzehr gerüstet werden. Zuerst waschen, dann rüsten und nie im Wasser liegen lassen. Das Gemüse wird am schonendsten mit wenig Wasser gedämpft. Ideal ist ein Siebeinsatz in einer Pfanne mit dicht schliessbarem Deckel, ein Dampfgarer oder Steamer.

Ich achte bei der Vollwerternährung auf folgende Punkte:
· Einbezug der individuellen Gesundheitsaspekte der Familien-

mitglieder bei der Zusammenstellung des Speisezettels (Nahrungsmittelunverträglichkeiten, Hyperaktivität, Allergien, Krankheiten)
· frische Lebensmittel verwenden, auf Halbfertig- und Fertigprodukte verzichten
· auf denaturierte Nahrungsmittel verzichten
· pflanzliche Lebensmittel vorziehen
· reichlich rohe Frischkost essen
· gesunde Würzmittel, frische Kräuter, Gewürze, Sprossen verwenden
· regional und saisonal einkaufen
· umweltverträglich verpackte Lebensmittel kaufen
· fair gehandelte Lebensmittel kaufen
· die Teller schön anrichten, man isst auch mit den Augen

Vollkorn Vollkorn ist das Getreide in seiner naturbelassenen Form, das heisst der vollständige Samen der Pflanze mit Kleie, Endosperm (Mehlkern) und Keim. In der vielschichtigen Hülle des Kerns, Kleie genannt, befindet sich ein Grossteil der Ballaststoffe, B-Vitamine, Mineralstoffe, Antioxidantien und andere sekundäre Pflanzenstoffe.

Antioxidantien tragen als natürliche Bestandteile von Nahrungsmitteln dazu bei, den schädlichen Einfluss der freien Radikale zu eliminieren. Freie Radikale fallen als Nebenprodukte des Stoffwechsels an und werden über die Lunge oder Haut aufgenommen (Ozon, Zigarettenrauch, Dämpfe von Lösungsmitteln usw.).

Das Endosperm ist die mittlere Schicht und die Quelle für Eiweiss, Kohlenhydrate und einige Vitamine. Der Keim ist reich an Vitaminen, Spurenelementen, ungesättigten Fettsäuren und Antioxidantien.

Die Art des Getreideprodukts wird nach dem Ausmahlungsgrad des Korns bezeichnet: ganzes Korn, Schrot, Grütze, Griess, Dunst, Mehl. Beim Mehl unterscheidet man zwischen Auszugsmehlen und Vollkornmehlen.

Vollkornmehle werden frisch gemahlen und enthalten Kleie und Keimlinge. Sie sind vital- und faserstoffreich.

Ruchmehl, Halbweissmehl und Weissmehl sind Auszugsmehle. Auszugsmehle enthalten keine Kleie und Keimlinge, sie sind dafür bis zu einem Jahr haltbar. Weissmehl, das aus raffinierten Körnern (beim Mahlvorgang werden Keim und Kleie entfernt) hergestellt wird, hat kaum Ballaststoffe, einen um 25 Prozent geringeren Eiweissgehalt, und wichtige Vitalstoffe fehlen ihm.

Vollkorn macht längeranhaltend satt, da die Stärke langsamer verdaut wird, und sorgt so für einen ausgeglichenen Blutzuckerspiegel. Es sollte gut gekaut werden, da die Verdauung im Mund beginnt. Die Stärke wird durch das Speichelenzym Ptyalin gespalten. Getreide kann individuell unterschiedlich gut verdaut werden. Die Bekömmlichkeit ist zudem von der Zubereitung und vom gründlichen Kauen abhängig. Durch Würzen mit frischen Kräutern und Gewürzen wie Thymian, Majoran, Koriander, Fenchel, Kardamom, Kümmel, kann die Bekömmlichkeit verbessert werden.

Leichtverdauliche Getreide sind Grünkern, Hafer, Hirse, Mais, Reis, Buchweizen, Amaranth und Quinoa. Die Verdauung wird erschwert, wenn am gleichen Tag oder zur gleichen Mahlzeit verschiedene Getreidesorten gegessen werden.

Die Zubereitung von Getreide

Das Getreide wird vor dem Kochen sorgfältig verlesen. Als naturbelassenes Lebensmittel kann es kleine Steinchen, Erdkrumen, Unkrautsamen, Mutterkorn (parasitärer Schlauchpilz) oder Kleinsttiere enthalten:

· Hirse und Buchweizen mit kochendem Wasser übergiessen, das Wasser auffangen, im aufgefangenen Wasser durchschwenken und abgiessen.
· Dinkel, Reis, Mais, Hafer, Gerste und Roggen in einer Schüssel mit lauwarmem Wasser leicht umrühren, die obenauf schwimmenden Verunreinigungen entfernen, abgiessen und kurz unter fliessendem Wasser spülen.

Das gereinigte Getreide wird anschliessend 2 bis 6 Stunden – Dinkel 6 bis 15 Stunden – in kaltem Wasser bei Zimmertemperatur eingeweicht. Das Einweichen aktiviert Enzyme, welche die Verdauung erleichtern. Das Einweichen von Schrot (Dinkel, Roggen) verbessert die Bindefähigkeit bei der Zubereitung.

Bei den leichtverdaulichen Getreidesorten Grünkern, Hafer, Hirse, Mais, Buchweizen, Amaranth und Quinoa erübrigt sich das Einweichen.

Das anschliessende Darren ist ein Trocknungsprozess. Dadurch wird das Getreide aufgeschlossen, es wird körniger und entfaltet seinen Eigengeschmack. Man kann das Getreide darren, indem man es an der Sonne auslegt, es in einer trockenen Pfanne auf dem Herd bei niedriger Temperatur circa 10 Minuten ständig rührt oder es auf einem Backblech ausbreitet und im

Backofen während circa 1 Stunde bei 60 Grad mit Ober- und Unterhitze und bei leicht geöffneter Ofentür trocknet. Das Darren ist abgeschlossen, wenn das Getreide das Gewicht vor dem Waschen wieder erreicht hat.

Nach dem Darren kann das Getreide je nach Verwendungszweck gemahlen, geschrotet oder zu Flocken gequetscht werden. Die gewaschenen und gedarrten Körner können auch erst nach dem Schroten eingeweicht werden. Die vorher eingeweichten, gut abgetropften Körner werden durch das Darren leicht gegart, was die Kochzeit verkürzt und das Getreide im Gericht lockert.

Das Getreide wird in einer Pfanne mit dicht schliessendem Deckel – falls eingeweicht im Einweichwasser – mit geringer Hitze schonend während höchstens einer halben Stunde gekocht. Salz, gemahlene Gewürze, feine Blattgemüse und frische Kräuter erst gegen Ende der Kochzeit beigeben. Das Nachquellen im geschlossenen Topf macht das Getreide besser verträglich; dazu die Pfanne auf der ausgeschalteten Herdplatte stehenlassen.

Eine Haushalt-Getreidemühle ermöglicht, jederzeit frisch Mehl oder Schrot herzustellen. Eine Mühle mit möglichst grossem Steindurchmesser und kleiner Drehzahl ist von Vorteil, da durch den Mahlvorgang keine hohe Reibungswärme entstehen darf, um die Vitalstoffe zu erhalten.

Zur frischen Herstellung von Flocken empfiehlt sich eine handbetriebene oder elektrische Flockenquetsche.

Quinoa   Vor der Zubereitung Quinoa unter kaltem fliessendem Wasser spülen, Steinchen herauslesen und eine Minute blanchieren, das Wasser abgiessen und bei stärkerer Verschmutzung den Vorgang 2- bis 3mal wiederholen. Quinoa muss nicht eingeweicht werden. Wenn man Quinoa eher körnig liebt, empfiehlt es sich, das Wasser direkt zu Beginn des Kochens zu salzen und den Samen in die bereits kochende Flüssigkeit einzustreuen. Aromatischer schmeckt es, wenn man eine Gemüsebouillon ohne Hefe anstelle von Salz verwendet. Je nach Verträglichkeit und Belieben empfiehlt sich das Mitkochen von ganzen Gewürzkörnern, frischen Gewürzen, Kräutern und sparsam dosiertem Salz im Kochwasser.

Amaranth   Nach dem Reinigen wird Amaranth mit 2- bis 2,5facher Wassermenge gekocht. Das Salz kann am Anfang zugegeben werden. Nach circa 15 Minuten Kochzeit sollte man Amaranth in der zugedeckten Pfanne 10 bis 20 Minuten nachquellen lassen. Zum

Keimen müssen die Samen vorher in reichlich Wasser eingeweicht werden; Einweichwasser weggiessen.

Reis Vollkornreis muss vor dem Kochen nicht eingeweicht werden;
das Einweichen verkürzt aber die Kochzeit wesentlich. Reis wird
in 2- bis 2,5facher Wassermenge ohne Salz gekocht. Vor dem
Nachquellen kann er gewürzt werden. Die Kochdauer von einge-
weichtem Reis beträgt etwa 30 Minuten und die Nachquelldauer
15 oder mehr Minuten; die Zeiten variieren je nach Sorte, siehe
die jeweilige Produktbeschreibung.

Kartoffeln

Kartoffeln zählen zu den stärkereichen und basischen Lebensmitteln. Sie sind beinahe fettfrei. Der Proteingehalt ist mit etwa 2
Prozent zwar gering, aber wegen des grossen Anteils essentieller
Aminosäuren sind sie ein wertvoller Energiespender. Durch die
Kombination mit Hühnerei wird wegen des Ergänzungseffekts
sogar die höchstmögliche biologische Wertigkeit von zwei kom-
binierten Proteinquellen erreicht. Die Voraussetzung, dass man
von dieser optimalen Eiweisszufuhr profitieren kann, ist die
Verträglichkeit von Ei und Kartoffeln.

Das nährstoffschonendste Kochverfahren ist das Dämpfen
mit wenig Wasser. Untersuchungen haben gezeigt, dass die Zubereitungsart durch Schälen und Kochen in viel Wasser (Salzkartoffeln) die grössten Nährstoffverluste ergibt, aber gleichzeitig den Nitratgehalt am stärksten reduziert. In der Regel weisen
Spätkartoffeln (Ernte von September bis Oktober) niedrigere Ni-
tratgehalte als Frühkartoffeln und generell Kartoffeln aus kon-
ventionellem Grossanbau auf.

Beim Zubereiten aller Kartoffeln sollte eine zu starke Bräu-
nung vermieden werden. Vor allem durch das Braten, Fritieren,
Rösten, Grillieren und Backen der Kartoffeln entsteht eine hohe
Konzentration des gesundheitsschädigenden Stoffs Acrylamid.
Der Acrylamidgehalt ist bei Speisen, die aus rohen Kartoffeln
hergestellt werden, besonders hoch, da eine längere Bratzeit nötig ist. Empfehlenswert ist eine Backofenhitze von nicht mehr als
200 Grad, bei Umluft 180 Grad.

Pastinaken, die Alternative zu Karotten

Die Pastinake, auch Moorwurzel oder Hirschmöhre genannt, zählte bis Mitte des 18. Jahrhunderts zu den wichtigsten Grundnahrungsmitteln in Deutschland und Österreich. Kartoffel und Karotte verdrängten dieses süsslich-würzige Wurzelgemüse. Die Pastinake enthält etwa gleich viele Kohlenhydrate wie die Kartoffel und ist reich an Ballaststoffen, Vitaminen, Folsäure und Mineralstoffen. Geschmacklich erinnert sie an die Karotte. Als typisches Wintergemüse sind Pastinaken ab Ende September bis Ende März erhältlich. Am besten schmecken sie nach dem ersten Frost. Diese nährstoffreichen Wurzeln schmecken als Gemüse gekocht, in Suppen oder roh geraspelt als Salat. Sie lassen sich pürieren, backen sowie in dünne Scheiben geschnitten frittieren. Ein Pastinaken-Püree ist eine schmackhafte Alternative zu Kartoffelstock. Ihre jungen Blätter eignen sich zum Würzen von Salaten oder Suppen. Kaufen Sie eher kleinere Wurzeln, sie sind delikater; grosse können manchmal etwas faserig sein.

Erdmandeln, die Alternative für Nuss-Allergiker

Erdmandeln, auch Chufas genannt, sind die Wurzelknollen eines tropischen Grases. Das Knollengemüse gehört zur botanischen Familie der Riedgrasgewächse. Die von den Arabern nach Südeuropa gebrachte Pflanze ist eine ausdauernde und anspruchslose Staude mit unterirdisch wachsenden Ausläufern (Rhizomen), ähnlich wie die Kartoffel. Ihre Wurzeln dehnen sich schnell aus. In Nordafrika, Asien und Spanien werden die Knöllchen wegen ihres mandel- oder nussartigen Geschmacks geschätzt und kultiviert. In Spanien wird aus Chufas ein milchähnliches Erfrischungsgetränk gemacht – die Horchata de Chufa. Die eichelgrossen Erdmandeln besitzen eine runzlige, braune bis schwarzbraune Haut, die man vor der Verwendung abschälen muss. Frische Erdmandeln als Gemüse zu verwenden, ist deshalb sehr arbeitsintensiv. Im Reformhaus gibt es Erdmandeln gemahlen, geröstet, als feine Flocken, Mus oder Chips. Gemahlene oder geflockte Erdmandeln kann man in Kuchen, Kleingebäcken oder Müesli anstelle von gemahlenen Mandeln oder anderen Nüssen verwenden. Sie haben einen hohen Gehalt an Vitaminen, Mineralstoffen sowie an vielen ungesättigten Fettsäuren; ausserdem enthalten sie Proteine, Kohlenhydrate und Ballaststoffe. Für eine vollwertige und basische Ernährung sind die gehaltvollen, sättigenden Erdmandeln bestens geeignet. Sie sind für Menschen mit einer Unverträglichkeit gegenüber Nüssen eine ideale Alternative.

Marroni (Edelkastanie)

Marroni sind Esskastanien, die auch als Edelkastanien bekannt sind. Sie sind im botanischen Sinne Nüsse. Sie sind die Früchte des bis zu dreissig Meter hohen Kastanienbaumes, der zu den Buchengewächsen gehört. Die Edelkastanie ist nicht mit der Rosskastanie verwandt; die Früchte der Rosskastanie sind für die Menschen ungeniessbar. Die Marroni, die in der Schweiz verkauft werden, stammen meist aus Italien, Portugal, Spanien, Griechenland oder der Türkei. Die Ernte findet Ende September oder Anfang Oktober statt. In früheren Zeiten gehörten die Marroni zu den Grundnahrungsmitteln der ärmeren Bevölkerung in der Südschweiz. Beim Rösten der Marroni kommt ihr süsser, nussartiger Geschmack zur vollen Ausprägung. Marroni enthalten sehr viel Stärke und einen geringen Anteil an Fetten. Weitere wertvolle Inhaltsstoffe sind Vitamine der B-Gruppe, Vitamin C und E wie auch viele Mineralstoffe und Spurenelemente. In Südeuropa ist man sich gewohnt, Marroni als Mehl für Brot und Kuchen zu verwenden. Die Verwendung dieses sättigenden, basenbildenden Lebensmittels ist auch in der gluten- und hefefreien Küche vielseitig. Im Reformhaus gibt es ein grosses Sortiment an Kastanien-Spezialitäten wie Teigwaren, Flocken, Mehl, Brotaufstriche und Guetzli. Da Kastanienmehl glutenfrei ist, gut bindet und der Inhaltsstoffe wegen, verwende ich es gerne in meinen Rezepten. Kleine Mengen davon lassen sich gut mit Mehlen von Reis, Hirse und Mais mischen. Beim Mischen der Mehle ist auf die Knöllchenbildung des meist feinpudrig gemahlenen Kastanienmehls zu achten: Am besten streicht man es durch ein Mehlsieb.

Keime und Sprossen

Frisch gezogene Speisekeimlinge und Sprossen sind dank unveränderter und ursprünglicher Form gesunde Lebensmittel. Sie sind eine wertvolle Bereicherung Ihrer Gerichte, da sie einen vollen Gehalt an lebenswichtigen Mineralstoffen, Vitaminen,

Spurenelementen, Proteinen, Enzymen und Faserstoffen haben. Ausserdem wirken sie dekorativ und appetitanregend.

Sie eignen sich auch für warme Speisen wie Bratlinge, Omeletten, Getreide- und Gemüsegerichte. In Reformhäusern und Drogerien gibt es praktische Keimgeräte und Saatgut aus kontrolliert biologischem Anbau. Kaufen Sie zum Keimen keine billigen Freilandsamen, da diese gegen Schädlingsbefall gebeizt und chemisch behandelt sind, um eine höhere Ernte zu erzielen. Achten Sie bei der Wahl der zu keimenden Samen auf die individuelle Verträglichkeit, und verwenden Sie nur Samen, die keine Immunreaktionen auslösen.

Fette und Öle

Fette und Öle sind wertvolle Lebensmittel. Bei Zimmertemperatur sind Fette fest und Öle flüssig. Fette und Öle sind organische Verbindungen von Glycerin mit drei Fettsäuren, die verschieden lang und gesättigt oder ungesättigt sein können. Einige ungesättigte Fettsäuren sind für den menschlichen Körper essentiell, das heisst sie können vom Körper nicht selbst hergestellt werden, zum Beispiel die Linolsäure. Alle gesättigten und einige ungesättigte Fettsäuren kann der Körper selber bilden.

Der überwiegende Anteil der Fettmenge, die wir zu uns nehmen, sollte aus ungesättigten Fettsäuren bestehen. Die gesättigten Fettsäuren sind in fettreichen Fleischerzeugnissen wie Wurst und Aufschnitt, in fettreichen Milcherzeugnissen, in Kokosfett, in fettreichen Süsswaren und Knabbersachen und in fettreichen Fertigprodukten enthalten. Die Zufuhr gesättigter Fettsäuren sollte so gering wie möglich gehalten werden.

Die ungesättigten Fettsäuren werden aufgrund ihrer Struktur in Omega-3-, Omega-6- und Omega-9-Fettsäuren eingeteilt. Die Omega-9-Fettsäure ist zwar keine essentielle Fettsäure, hat aber gesundheitsfördernde Wirkung. Bedeutende Quellen für diese Ölsäure sind Oliven- und Rapsöl. Die hauptsächlichen Quellen für die Omega-6-Fettsäure, auch Linolsäure genannt, sind Sonnenblumen-, Distel-, Maiskeim-, Weizenkeim- und Traubenkernöl.

Alle lebensnotwendigen Fettsäuren sollten in ausgewogenen Mengen konsumiert werden. Der Konsum von Omega-3-Fettsäure sollte zu Lasten der Omega-6-Fettsäuren erhöht werden. Die besten Quellen dafür sind Kaltwasserfische wie Hering, Makrele, Lachs, Heilbutt und Thunfisch, die idealerweise pochiert werden, Wild, Walnüsse und Leinsamen beziehungsweise daraus hergestelltes Öl.

Fette und Öle spenden Lebensenergie, wirken in den Stoffwechselprozessen mit, regulieren den Wasserhaushalt, sind Träger der fettlöslichen Vitamine A, D, E und K und setzen bei ihrer Verbrennung deutlich mehr Energie für eine körperliche Leistung frei als Proteine.

In den Pflanzen befinden sich hochaktive, wertvolle Öle in Blüten, Früchten und konzentriert in den Samen. Das gesundheitlich wertvollste Öl wird aus der ersten kalten Pressung gewonnen und als «extra vièrge», «extra vergine» oder «native extra» bezeichnet. Diese Öle dürfen nicht erhitzt werden, sie sind für die kalte Küche oder für gekochte Speisen als Zugabe kurz vor dem Verzehr bestimmt. Aktives, lebendiges Öl muss nach dem Pressen bald verbraucht werden, da die ungesättigten Fettsäuren durch Licht, Luft, Wärme und die eigenen Mineralstoffe oxydieren. Oxydiertes, ranzig gewordenes Öl ist ungeniessbar und gesundheitsschädlich. Kaufen Sie nur gute Qualität. Kleine Vorratsmengen bewahren Sie kühl und dunkel auf. Auch verbranntes Öl ist giftig. Zum Anbraten eignen sich Olivenöl, eingesottene Butter, Erdnussöl, Palmfett und Kokosfett.

Butter und Margarine

Was soll man verwenden: Butter oder Margarine? Ist das eine Frage des Geschmacks oder der Gesundheit? Ernährungswissenschaftliche Fakten und wirtschaftliche Interessen treffen hier aufeinander, was grosse Verwirrung und Unsicherheit bei den Konsumenten auslöst. Darum werden hier Zutaten und Herstellung der beiden Streichfette beschrieben.

Butter Butter ist, im Gegensatz zur Margarine, ein uraltes Erzeugnis. Früher liess man auf den Bauernhöfen und in den Privathaushalten die Milch in grossen Becken aufrahmen. Die Milch wurde danach abgeleert. Den Rahm liess man stehen, bis er sauer wurde und schlug ihn dann mit dem Stampfer. Die so gewonnenen Butterkörner wurden gewaschen und zu Butterstöcken zusammengepresst. Heute wird die Butter meist in grossen Molkereibetrieben hergestellt. Sie ist aber bis heute nichts anderes als reines, konzentriertes Milchfett. Ihr Fettgehalt liegt bei 82 Prozent, der Wasseranteil beträgt maximal 16 Prozent. Das Butterfett enthält etwa zur Hälfte gesättigte Fettsäuren und einfach ungesättigte Fettsäuren sowie fünf Prozent mehrfach ungesättigte Fettsäuren. Weitere Bestandteile in geringen Mengen sind Milchzucker, Mineralstoffe, Lecithin, Cholesterin, Vitamine und aromatische Verbindungen. Ihr Gehalt schwankt je nach Jahreszeit und Art der Fütterung der Kühe. Als Ausgangsprodukt für die Butterherstellung ist nur Kuhmilch zugelassen. Butter wird in verschiedenen Handelsklassen angeboten. Für die Einstufung gibt es ein spezielles Bewertungssystem, das Geruch, Geschmack, Aussehen und Konsistenz berücksichtigt. Wie bei allen Lebensmitteln ist die Rohstoffqualität auch bei der Butter ein entscheidender Faktor: Eine qualitativ gute Butter wird aus Milch von Demeter-Höfen oder kontrollierten Bio-Betrieben hergestellt. Wer aus allergologischen oder ethischen Gründen keine Butter konsumieren will oder kann, aber dennoch ein Streichfett verwenden möchte, kauft als Alternative eine pflanzliche Bio-Margarine aus dem Reformhaus.

Margarine Die Margarine wurde im Jahre 1869 von einem französischen Chemiker erfunden. Weil damals Hunger, Kriege und die damit verbundene Landflucht die Butter knapp werden liess, sann Napoleon III. auf Abhilfe. Im Auftrage des Kaisers entwickelte der Chemiker Hippolyte Mège-Mouriès einen preiswerten Butterersatz aus Rindertalg, Magermilch und gehäckseltem Kuheuter. Er gab dem Produkt wegen der glänzenden Oberfläche den Namen Margarine (von griechisch margaron = Perle). Auch heute sind nicht alle Margarinen rein pflanzlicher Herkunft. Analytisch gesehen ist die Margarine eine Fett-Wasser-Emulsion mit einem durchschnittlichen Mischungsverhältnis von 80:20. Eine Standard-Margarine hat also einen Fettgehalt von 80 Prozent; fettreduzierte Margarinen haben einen deutlich niedrigeren Fettgehalt (60–40 Prozent) und einen umso höheren Wassergehalt. Bei der Herstellung von Margarinen besteht die Kunst darin, aus flüssigen Ölen ein streichbares Fett zu machen. Bei den konventionellen Margarinen werden die zugesetzten Öle raffiniert, gehärtet und umgeestert. Diese Verarbeitungsschritte bringen zwar produktionstechnische Vorteile, sind aber aus gesundheitlicher Sicht sehr bedenklich. Denn vom ersten Verarbeitungsschritt bis zur Fertigstellung einer Mixtur, die sich in Konsistenz, Geschmack und Schmelzverhalten jedem Zweck anpasst, werden die Öle beziehungsweise Fette chemisch verändert. Durch diese Verarbeitungsprozesse entstehen Fettsäuren, die ernährungsphysiologisch wertlos und aus gesundheitlicher Sicht sogar teils schädlich sind.

Eine pauschale Verurteilung der Margarine wäre aber nicht richtig, da es auch qualitativ gute Produkte gibt. Bio-Margarinen sind rein pflanzlich, werden nicht gehärtet und umgeestert. Der Hersteller achtet auf eine schonende Verarbeitung der Öle, damit die wertvollen ungesättigten Fettsäuren erhalten bleiben. Auf künstliche Aromen, Vitamine, isolierte Zitronensäure sowie auf synthetisches Carotin wird verzichtet, stattdessen wird Saft aus Zitronen und Karotten verwendet. Gewürzt wird, wenn überhaupt, mit Meersalz, und zum Emulgieren wird Sojalecithin beigefügt. Die beigemischten Kokos- und Palmfette sind jedoch raffiniert, um unwillkommene Färbungen und einen unerwünschten Eigengeschmack zu vermeiden. Trotz dieser Beifügungen sind Bio-Margarinen gesünder als konventionelle.

Butter und Margarine sollten nicht stark erhitzt werden, da schwer verdauliche und gesundheitsschädigende Verbindungen entstehen können. Lassen Sie sich im Reformhaus beraten, welche Margarine zum Backen und Dünsten oder als Brotaufstrich geeignet ist.

Süssungsmittel

Unter Zucker wird im allgemeinen Sprachgebrauch Saccharose verstanden. Saccharose ist ein aus Zuckerrohr oder Zuckerrüben gewonnener Zweifach-Zucker, der sich je zur Hälfte aus Glukose und Fructose zusammensetzt. Er wird als Haushaltzucker, Kristallzucker, Raffinadezucker oder raffinierter Zucker bezeichnet.

Es gibt viele süss schmeckende Substanzen und Lebensmittel sowie daraus hergestellte Dicksäfte, die zum Süssen von Speisen und Getränken verwendet werden können. Sie unterscheiden sich in chemischen Eigenschaften, Energiegehalt und Süssintensität.

Künstliche Süssstoffe   Süssstoffe wie Saccharin, Cyclamat, Aspartam sind keine natürlichen Zucker. Sie haben im Vergleich zu Saccharose eine hohe Süsskraft, so dass sie geringer dosiert werden können. Sie werden aber von unserem Körper nicht verstoffwechselt, sie haben keinen Energiegehalt. Süssstoffe und Produkte, die Süssstoffe enthalten, wie Limonaden und Light-Getränke sind aus Sicht einer Vollwerternährung nicht empfehlenswert, weil sie den gesunden Kohlenhydratstoffwechsel durcheinanderbringen.

Zuckeralkohole wie Sorbit, Xylit, Mannit, Laktit, Maltit, Isomalt werden meist durch Hydrierung von Mono- oder Disacchariden grosstechnisch hergestellt. Sie werden im Körper ohne Insulin verstoffwechselt und werden deshalb als Zuckeraustausch-stoffe für Diabetiker eingesetzt.

Der weisse Zucker enthält keine Mineralstoffe und Spurenelemente mehr, da er hochgereinigt bzw. -raffiniert wird. Im Gegensatz zum weissen Zucker enthält der Vollrohrzucker noch natürliche Bestandteile des Zuckerrohrs.

Natürliche Süssungs-mittel
· Vollrohrzucker
· ungeschwefelte Dörrfrüchte
· Fruchtdicksäfte wie Birnel
· Dattelpüree
· Honig
· Ahornsirup
· Reis-Sirup
· Agavendicksaft
· Stevia (Stevia rebaudiana Bertoni)

Vollrohrzucker ist ein unraffinierter Rohzucker aus Zuckerrohr; er hat eine braune Farbe und besitzt einen typischen, karamell-artigen Geschmack.

Weitere empfehlenswerte natürliche Süssungsmittel neben Vollrohrzucker sind ungeschwefeltes Dörrobst, Fruchtdicksäfte, Ahornsirup, Zuckerrübensirup, Palmzucker, Malzextrakt, Reis-Sirup, Dattelpüree und das Naturprodukt Honig.

Fruchtdicksäfte wie Dattgold, aus Datteln gewonnen, sowie Birnen- und Apfeldicksaft haben eine starke Süsskraft. Sie werden durch Einkochen der Früchte gewonnen. Sie eignen sich zum Süssen von Gebäck, Pudding, Müesli und Getränken. Bei den naturbelassenen Süssungsmitteln sind die Vitamine und Mineralstoffe weitgehend erhalten. Weil sie einen Eigengeschmack aufweisen, sollten sie dosiert eingesetzt werden, da sie sonst die Speisen geschmacklich verändern.

Beim Honig ist zu beachten, dass er nicht über 40 Grad erhitzt werden sollte, da sonst wertvolle Inhaltsstoffe verloren gehen.

Ahornsirup wird aus dem Saft wildwachsender Ahornbäume gewonnen. Die Ahornart, welche zur Sirupgewinnung genutzt wird, wächst in den Wäldern Kanadas. Dieser hellbraun-goldene Sirup schmeckt besonders gut zu Omeletten, Waffeln und Müesli. Er eignet sich auch gut zum Süssen von Gebäck, Tees, Shakes, Pudding und als Brotaufstrich.

Reis-Sirup ist ein geschmacksneutrales Süssungsmittel aus gemahlenem und gekochtem Reis, der anschliessend fermentiert wird. Dabei spaltet sich die Reisstärke in Zuckermoleküle auf. Er zeichnet sich besonders durch seinen hohen Anteil an natürlichen Mineralstoffen und langkettigen Zuckerarten aus. Reis-Sirup enthält keine Fructose. Er eignet sich hervorragend zum Süssen von warmen Getränken, Gebäck, Müesli und als Brotaufstrich.

Agavendicksaft zeichnet sich durch seine besonders neutrale Süsse und seinen fein aromatischen Geschmack aus. Er ist eine optimale Alternative zu Zucker. Er besitzt die gleiche Süsskraft wie Zucker und hat eine gute Löslichkeit. Agavendicksaft wird meist aus mexikanischen Agaven hergestellt. Die Agaven werden schonend gepresst, der Saft gefiltert und eingedickt.

Ein natürlicher Zuckerersatz ist Stevia. Die getrockneten und geschnittenen Steviablätter eignen sich gut zum Süssen von Tee. Sie sind offen in Cellophansäcken oder in Filterbeuteln im Reformhaus oder in der Drogerie erhältlich. Stevia kann sehr sparsam dosiert werden, da sie die 30fache Süsskraft von Zucker besitzt. Die Steviablätter werden zusammen mit den Teekräutern aufgegossen. Man kann die Steviablätter separat mit heissem Wasser übergiessen, kurz ziehen lassen, abfiltern und diesen süssen Auszug anstelle von Haushaltzucker Getränken und Speisen beigeben.

Grundsätzlich sollten alle konzentrierten Süssungsmittel wie Honig und Dicksäfte sparsam verwendet werden. Die Geschmacksschwelle für «süss» sollte so niedrig wie möglich gehalten werden.

Gesundes Essen für Kinder

Die Kinder sind dem Essverhalten ihrer Familie ausgeliefert, und diese Erfahrungen sind meist für das ganze Leben prägend. Welche Bedeutung hat das Essen für Sie als Eltern oder Betreuer? Ihre Einstellung zur Qualität von Lebensmitteln, ihre Vorlieben und persönlichen Abneigungen bestimmen das Essverhalten der Kinder mit. Legen Sie deshalb Wert darauf, dass jeden Tag mindestens eine Mahlzeit von allen Familienangehörigen gemeinsam eingenommen wird. Bereiten Sie die Gerichte mit Sorgfalt und Liebe zu. Ermöglichen Sie am Familientisch Raum für persönlichen Austausch, gute Gespräche oder zum Erzählen von dem, was erlebt wurde. So erhält das Essen für das Kind eine andere Bedeutung, als wenn sich die Familie vor dem Fernseher verpflegt oder sich jeder selbst aus dem Kühlschrank bedient.

Eine ungezwungene, entspannte Atmosphäre am Esstisch wirkt verdauungsfördernd. Die Kinder brauchen weder Fruchtbonbons, süsse Frühstücksgetränke, Riegel noch Schokolade, um ihren Nährstoffbedarf zu decken. Im Gegenteil, in diesen stark beworbenen Produkten sind grosse Mengen an Zucker und Fetten versteckt, und sie enthalten ungesunde Konservierungs-, Geschmacks- und Farbstoffe. Auch der tägliche Konsum von Süssgetränken wie Cola, Citro, Eistee und Sirup sowie Süssigkeiten führt zur Gewöhnung an den Zucker, und die Kinder verlangen immer öfter danach. Viele Süssigkeiten und Schleckwaren enthalten nebst weissem Fabrikzucker und künstlichen Süssstoffen auch weitere ungesunde Zusatzstoffe.

Zu meidende Zusatzstoffe sind		
E 102	Tartrazin	Süsswaren
E 104	Chinolingelb	Pudding, Süsswaren
E 110	Gelb-orange S	Getränke, Süsswaren, Seelachs, Garnelen
E 122	Azorubin	Pudding, Getränke, Süsswaren
E 123	roter Farbstoff	Apéritifweine, in USA verboten
E 124	Cochenillerot	Süsswaren, Getränke, Käseüberzüge
E 127	Erythrosin	roter Farbstoff
E 210 bis E 219		Konservierungsstoffe
E 220	Schwefeldioxid	Trockenfrüchte, Obstkonserven, Wein
E 221 bis E 228		Konservierungsstoffe
E 235	Natamycin	getrocknetes und gepökeltes Fleisch
E 280	Propionsäure	Schnittbrot, vorverpackte Backwaren
E 281 bis E 283	Verbindungen der Propionsäure	
E 310 bis E 312	Gallate	Kaugummi, Suppen, Saucen
E 320	BHA	Kaugummi, Chips, Salzstangen, Suppen
E 321	BHT	Kaugummi, Frittierfette
E 338	Phosphate	Backpulver, Schmelzkäse, Cola, Fleisch- u. Fischerzeugnisse, Backwaren
E 339 bis E 341	Verbindungen der Phosphorsäure, Phosphate	
E 450	Diphosphate	Glace, Wurst, Backwaren, Eiprodukte
E 451	Triphosphate	wie E 450
E 452	Polyphophate	wie E 450
E 620 bis E 625	Glutaminsäure Glutamat	Geschmacksverstärker, auch in Süsswaren
E 951	Aspartam	Kaugummi, Getränke, Milchprodukte
E 952	Cyclamat	Getränke, Diabetikerlebensmittel
E 954	Saccharin	Desserts, Getränke, Salatsaucen

Zu ungesunder Ernährung gesellt sich gerne Bewegungsmangel, was den Stoffwechsel beeinträchtigt. Mit der Zeit summieren sich die schädlichen Folgen, und die Probleme heissen Übergewicht, Diabetes, Candida albicans, Allergien, Nahrungsmittelunverträglichkeiten.

Gesunde Alternativen sind naturbelassene, süsse Früchte, frische Beeren, Datteln, ungeschwefelte Dörrfrüchte oder ein selbstgebackenes gesundes Kuchenstück, eine selbstgemachte Crème oder feine Guetzli, wobei immer die Verträglichkeit zu beachten ist. Ein solches Dessert nach dem Mittagessen ist kein Problem. Es ist ein gesunder Genuss und stillt das Verlangen nach Süssem.

Entschlackungskur

Eine Gemüse- und Früchtekur trägt zur Entschlackung und Entsäuerung des Körpers bei. Die Kur besteht aus einer pflanzlichen, kohlenhydratreduzierten Ernährung, viel Bewegung und Entspannung. Die ausschliesslich basische Kost entlastet den Organismus und unterstützt die Entgiftungsvorgänge. Angezeigt ist eine solche Kur vor allem bei Menschen mit chronischen Leiden wie rheumatische Beschwerden, Allergien, Schlafstörungen, chronische Müdigkeit, Erschöpfung oder Übergewicht. Sie ist auch eine gute Vorbereitung auf eine Ernährungsumstellung, die aufgrund von Nahrungsmittelunverträglichkeiten notwendig ist. Sie unterbricht liebgewonnene Essgewohnheiten und erleichtert den Einstieg in die neue Ernährungsform, die tiefgreifende Veränderungen mit sich bringen kann. Eine Gemüse- und Früchtekur weckt das Bewusstsein für gesunde Ernährung und lässt den Eigengeschmack der Lebensmittel neu erfahren. Dies motiviert, in Zukunft eine basenreiche, auf die individuelle Verträglichkeit abgestimmte Ernährung einzuhalten.

Die Entschlackungskur wird mindestens 7 und maximal 14 Tage durchgeführt. Während der Kur besteht die Nahrung aus rein pflanzlichen, basenreichen Lebensmitteln.

Erlaubt sind alle basenbildenden Lebensmittel wie die meisten Gemüse, Salate, Obst, viele Früchte, Samen, Nüsse, frische Kräuter und Keimlinge. Spargel, Artischocken, Rosenkohl und rohe Tomaten sollten vermieden werden, da sie säurebildend sind. Achten Sie beim Einkauf von Gemüse und Obst auf deren Frische, Herkunft und Anbau. Bevorzugen Sie Produkte aus Demeter-Anbau oder von Bio-Knospe-Betrieben. Besonders Blattgemüse wie Salat, Spinat und Mangold aus zertifiziertem biologischem Anbau zeichnen sich durch weniger Nitratgehalt und mehr sekundäre Pflanzenstoffe aus, was ihnen einen intensiveren Geschmack verleiht.

Das frische, schonend zubereitete Gemüse, die saisonalen Salate und das reife Obst liefern dem Körper genügend lebenswichtige Nährstoffe, Ballaststoffe und sekundäre Pflanzenstoffe. Als weitere Energie- und Nährstofflieferanten dienen Nüsse, Samen und kaltgepresste, native Pflanzenöle wie Leinöl, Rapsöl, Olivenöl oder Sesamöl. Die darin enthaltenen ungesättigten Fettsäuren wirken in den Stoffwechselprozessen mit und sind Träger von fettlöslichen Vitaminen. Oliven, Kürbiskerne, Mandeln, Sonnenblumenkerne, Aprikosenkerne, Sesam- und Leinsamen bereichern nicht nur optisch und geschmacklich das Menü, sie tragen auch zur Sättigung bei. Hungern Sie nicht während dieser Kur, gönnen Sie sich reichhaltige Hauptmahlzeiten. Das Essen soll Freude bereiten.

Trinken Sie zwischen den Mahlzeiten zwei bis drei Liter mineralienarmes, kohlensäurefreies Wasser. Wasser ist ein Transportmittel für lebenswichtige Stoffe, seine wichtigste Aufgabe ist aber die Spülfunktion: Verbrauchte und toxische Stoffe werden mit dem Wasser zur Ausscheidung abtransportiert.

Um die Entgiftungsvorgänge zu unterstützen, trinkt man zusätzlich eine bis zwei Tassen Leber-Tee. Spezielle leber- oder stoffwechselunterstützende Teemischungen sind in Drogerien erhältlich.

Halten Sie sich während der Kur Zeit für Ihre Erholung frei. Entspannen Sie sich bewusst. Zur Entspannung und Erholung gehört auch genügend nächtlicher Schlaf. Gehen Sie vor 22 Uhr zu Bett. Die beste Erholungswirkung erzielt man mit acht bis neun Stunden ungestörten Schlafs.

Um die Entschlackung des Körpers zu fördern ist tägliche körperliche Aktivität unerlässlich. Nehmen Sie sich jeden Tag 30 bis 45 Minuten Zeit für Sport und Gymnastik. Bewegen Sie sich im Freien, indem Sie joggen, nordicwalken oder zügig gehen. Wichtig ist, dass Sie sich regelmässig und ausdauernd bewegen.

Die Regeln für die Entschlackungskur:
· Die ideale Jahreszeit für die Durchführung der Kur sind die Frühlings- und Herbstmonate.
· Planen Sie die Zeit für die Kur bewusst ein, damit Sie genügend Freiraum zum Einkaufen, Kochen, Essen, für körperliche Bewegung und Erholung haben.
· Wählen Sie die Lebensmittel, die Sie gut vertragen.

- Bittere Gemüse- oder Salatsorten unterstützen die Leber.
- Während der Kur ganz meiden: tierische Produkte wie Fleisch, Fisch, Eier, Milch und Käse; Getreide aller Art einschliesslich Teigwaren, Brot, Kuchen oder Kekse; Zucker und Süssgetränke; Kaffee, koffeinfreier Kaffee, Instantkaffee; alkoholische Getränke.
- Essen Sie basenbildende Lebensmittel: Gemüse, Früchte, Samen, Nüsse, frische Kräuter und Keimlinge.
- Zu meiden sind Spargel, Artischocken, Rosenkohl und rohe Tomaten, da sie säurebildend sind.
- Kaufen Sie nur reifes Obst und Gemüse, denn nur dann profitieren Sie optimal von seinem Gehalt an basenbildenden Mineralien und Bioaktivstoffen.
- Bevorzugen Sie regionale und saisonale Lebensmittel aus zertifiziert biologischem Anbau.
- Bereiten Sie die Mahlzeiten aus frischen Lebensmitteln zu.
- Die schonende Zubereitung des Gemüses (dämpfen, dünsten) ist grundlegend.
- Als Mittagessen eignen sich frische Blattsalate und rohe Wurzelsalate, mit Keimlingen, Oliven und Nüssen garniert, und saftige Früchte als Nachspeise. Dazu können in kleinen Mengen Hülsenfrüchte wie Linsen, Bohnen, Kichererbsen und Mungobohnen serviert werden; sie versorgen den Körper zwar mit vielen Vitalstoffen, gehören aber zu den säurebildenden Lebensmitteln.
- Essen Sie nach 14 Uhr keine Rohkost mehr, um den Verdauungstrakt zu entlasten.
- Zvieri: Obst als Kompott.
- Abendessen: Salate aus gekochten Gemüsen wie Randen, Karotten oder Wirz, eine Gemüsesuppe oder gedämpftes Gemüse.
- Die letzte Mahlzeit des Tages sollte eine leichte Hauptmahlzeit sein und vor 19 Uhr eingenommen werden. Trinken Sie genügend Wasser zwischen den Mahlzeiten, mindestens 3 Liter täglich.
- Freuen Sie sich auf drei reichhaltige Hauptmahlzeiten und gestalten Sie sie abwechselnd und farbenfroh.
- Nehmen Sie sich Zeit zum Essen, und kauen Sie gründlich.
- Der Früchteanteil pro Tag sollte nicht höher sein als ein Viertel der gesamten Nahrungszufuhr. Essen Sie vor allem Gemüse und Salate.
- Stark zuckerhaltige Früchte wie Trauben und Bananen nur in kleinen Mengen geniessen, zum Beispiel als Dessert.

- Basenbildende Nüsse und Samen wie Kürbiskerne, Leinsamen, Sonnenblumenkerne, frische Walnüsse, Sesam, Erdmandelflocken, Aprikosenkerne und Mandeln sind als Zutaten erlaubt.
- Falls Sie eine Zwischenmahlzeit brauchen, können Sie Mandeln, Oliven, Obst oder Früchte essen oder einen frisch gepressten Fruchtsaft trinken.
- Eine begleitende Reinigung des Darms empfiehlt sich: Machen Sie jeden zweiten oder dritten Tag einen Einlauf zu Hause oder besuchen Sie eine Colon-Hydro-Therapie in einer Naturheilpraxis.
- Der Wille, eine Verbesserung der Gesundheit und des Wohlbefindens zu erlangen, ist die beste Motivation für die Kur.

Schwangere, Stillende, Kinder, untergewichtige Personen und Menschen mit einer akuten Krankheit sollten zwar auch viel Gemüse und Früchte essen, aber keine Entgiftungskur durchführen. In einem solchen Fall sollten Sie sich von einer fachkundigen Person beraten lassen.

Neue Lebensfreude aus der Wirkstatt Küche

Nachfolgende Rezepte bieten Ihnen Ideen und Anstösse, um Ihre eigenen, individuell auf Ihre Verträglichkeit abgestimmten Rezepte zu kreieren.

Varianten der Zutaten sind mit «oder» bezeichnet. Wählen Sie diese nach Ihren individuellen Verträglichkeiten aus. Zutaten wie Nüsse, Kräuter, Gewürze usw. sind je nach Verträglichkeit oder Belieben wegzulassen oder durch andere zu ersetzen. Sämtliche Rezepte sind glutenfrei.

Die angegebene Backzeit gilt für den vorgeheizten Ofen, Zeit und Backtemperatur sind Richtwerte und müssen je nach Gerät angepasst werden. Für Heiss- oder Umluftbackofen die angegebenen Temperaturen um 20 Grad reduzieren, die Backzeit bleibt gleich.

Die Rezepte sind für vier Personen berechnet. Grundsätzlich ist die Essensmenge auf den individuellen Kalorienbedarf abzustimmen. Sämtliche Zutaten sind im Reformfachhandel erhältlich. Die Rezepte mit den erwähnten Markenprodukten sind mehrfach erprobt und gelingen sicher. Aber selbstverständlich können auch Produkte anderer Hersteller verwendet werden.

Gluten- und eifreie Back-Endprodukte sehen vielleicht nicht aus, wie Sie es gewohnt sind. Beurteilen Sie Ihre Ergebnisse aus dem gesundheitlichen Blickwinkel und Sie werden begeistert sein. Eine positive Einstellung gegenüber der Ernährungsumstellung ist die Voraussetzung für den Erfolg. Nehmen und lassen Sie sich Zeit für diesen Prozess, freuen Sie sich am gesunden Essen und der damit verbundenen neuen Lebensfreude.

Menüplan Um Ihnen Ihre Menüplanung zu erleichtern, dienen Ihnen die nachfolgenden Wochenpläne. Es handelt sich um konkrete Beispiele, die Sie auf Ihre Bedürfnisse anpassen können.

Seiten 82/83:
Mais-Pasta
mit Rucola.
(Rezept Seite 129)

Ernährungsplan 1

	Montag	Dienstag	Mittwoch	Donnerstag	Freitag	Samstag	Sonntag
Frühstück	Glutenfreies Brot, Butter, Aprikosenkonfi	Reiswaffeln, Butter, Konfi	Reisflocken, Reis-Drink, Baumnüsse	Früchte-Müesli	Cornflakes, Mandel-Drink	Früchte, Nüsse	Amaranth-waffeln, Butter, Konfi
Zwischenmahlzeit	falls nötig Nüsse, Dörrobst oder frische Früchte						
Mittagessen	Salat, Polenta, Gemüse, (Tomaten)	Salat, Falafel	Salat, Pilzrisotto	Salat, Linsengericht, Kartoffeln	Salat, Lachs	Salat, Kräuterknöpfli	Salat, Oliven, Ziegenkäse, Waffeln
Zwischenmahlzeit							
Abendessen	Pouletbrust, Gemüse	gedämpftes Gemüse, Hirsotto	Gemüsesuppe	Gemüseteller	Maisteigwaren, Tomatensauce	Tofu und Gemüse im Wok	grilliertes Gemüse, Lamm

Ernährungsplan 2

	Montag	Dienstag	Mittwoch	Donnerstag	Freitag	Samstag	Sonntag
Frühstück	Reiswaffeln, Butter, Konfi	Cornflakes, Reis-Drink, Datteln	Hirseflocken, Mandel-Drink, Mandeln, Orange	Reisflocken, Rahm/Wasser, Birne	Maisbrot, Ziegenkäse, Butter	Amaranth-Müsli, Reis-Drink, Apfel	Hirsewaffeln, Butter, Konfi
Zwischenmahlzeit	falls nötig Nüsse, Dörrobst oder frische Früchte						
Mittagessen	Salat, Reiswaffeln, Avocado	Salat, Polenta, Gemüse	Salat, Sellerieschnitzel, Kartoffeln	Salat mit Feta, Reis	Salat, Reiswaffeln, Bruschetta	Salat, Amaranthburger	Salat, Omelette mit Gemüsefüllung
Zwischenmahlzeit							
Abendessen	Brokkoli-Rahmsuppe	Maisnudeln mit Zucchetti	Wok mit Tofu	Kürbiscrèmesuppe	Forellenfilet, Romanesco, Fenchel	Zucchetti gefüllt mit Wildreis	Wirz, Lachs, Brokkoligemüse

Ernährungsplan 3

	Montag	Dienstag	Mittwoch	Donnerstag	Freitag	Samstag	Sonntag
Frühstück	Amaranth-flakes, Mandel-Drink	Quinoa-Waffeln mit Butter	Reisflocken, Rahm/Wasser, Nüsse	Hirsemüesli mit Früchten	Amaranth-waffeln, Butter, Früchte	Früchte, Rahm	Reis-Waffeln, Butter und Konfi
Zwischenmahlzeit			falls nötig Nüsse, Dörrobst oder frische Früchte				
Mittagessen	Salat, Früchte, Amaranth-burger	Salat, Heilbutt, Fenchelgemüse	Salat, Falafel, Tomaten	Salat, Hirse-Auflauf	Salat, Mais-teigwaren, Tomatensauce	Salat, Reis-Spaghetti Soja-Bolognese	Salat, Ziegen-käse, Oliven, Reis-Waffeln
Zwischenmahlzeit							
Abendessen	Brokkoli, Entenbrust, Butter, Mandelstifte	Gemüsesuppe	Zucchetti gefüllt mit Reis	Trutenschnitzel und gekochtes Gemüse	Linsengericht mit Gemüse	Sellerie-schnitzel auf Gemüseteller	Wok-Gemüse

Abkürzungen und Fachbegriffe

dl	Deziliter
EL	Esslöffel, die Menge gilt immer für gestrichene Löffel
evtl.	eventuell, das heisst: kann auch weggelassen werden
g	Gramm
kg	Kilogramm
KL	Kaffeelöffel, die Menge gilt immer für gestrichene Löffel
l	Liter
ml	Milliliter
Msp	Messerspitze
Stk	Stück
Tr	Tropfen
Portion	nach Belieben

Auswallen	den Teig mit Wallholz/Nudelholz ausrollen
Blanchieren	das Kochgut in kochendem Wasser 2–3 Min. ohne Deckel kochen und mit kaltem Wasser abkühlen
Bouillon	durch Kochen mit Gemüse erhaltener Auszug, der als Grundlage für Suppen dient
Burger	Bratling
Dünsten	Garen ohne Deckel auf kleiner Hitze
Dämpfen	Garen mit Deckel auf kleiner Hitze
Gratinieren	im Backofen – meist mit Käse – überbacken
Pochieren	schonender Garprozess bei Temperaturen zwischen 65 und 80 °C
Pürieren	im Mixer oder mit dem Stabmixer fein zerkleinern
Wok	asiatische, weite Bratpfanne; wer keinen Wok hat, kann stattdessen eine weite Bratpfanne ohne Belag verwenden
Passieren	durch das Passe-vite oder ein Haushaltsieb drücken

Zutaten für die Rezepte

Agavendicksaft	Süssungsmittel.
Ahornsirup	Süssungsmittel; z.B. von Eden oder Allos.
Amaranth	Fuchsschwanzgewächs, glutenfrei.
Amaranth-Vollkornmehl	glutenfreies Mehl aus Amaranth; z.B. von Govinda Natur.
Backhupf	Backpulver mit Säuerungsmittel Glucono-Delta-Lacton, Backtriebmittel Natron und Maismehl. Glucono-Delta-Lacton wird aus Traubenzucker hergestellt; z.B. von Sekowa.
Backpulver phosphatfrei	enthalten andere Säuerungsmittel als Natrium-phosphat; z.B. «Backhupf» von Sekowa oder Weinstein von Morga.
Basilikum	Gewürzkraut.
Baumnüsse	Walnüsse. Enthalten viel Omega-3-Fettsäuren, sind reich an Vitaminen A, C, E und der B-Gruppe, Zink und verschiedenen Mineralstoffen.
Bio-Unigel	Geliermittel aus Apfelpektin von biofarm.
Birnel	Birnendicksaft, Süssungsmittel.
Bodenkohlraben	einheimisches Wintergemüse, auch Bodenraben, Bodenrüben oder gelbe Räben genannt.
Braunhirse	mineralstoffreichstes Getreide der Erde, eine Wildform, die auch in der Schweiz angebaut wird, im Handel ist sie gemahlen erhältlich.
Buchweizen	ist ein Knöterichgewächs und kein Getreide; eignet sich für die glutenfreie Ernährung, ist reich an Selen und Zink; z.B. von Vanadis Demeter.
Carob	Kakaoersatz: Mittelteile der 20 cm langen Fruchtschoten des Johannisbrotbaums, grob zerkleinert, geröstet und staubfein gemahlen. Fettarm, enthält keine anregenden Substanzen wie Koffein oder Theobromin; z.B. Carobpulver von Rapunzel.
Cashewmus	im Glas im Reformhandel erhältlich, Hergestellt aus 100 % Cashewnüssen; z.B. von Rapunzel.
Cashewnüsse	Kernels. Die Cashewnuss ist eine Steinfrucht mit sahnigem, mildem Aroma und knackiger Konsistenz. Enthält mehrfach ungesättigte Fettsäuren, viel Eiweiss, Vitamine der B-Gruppe und E, Magnesium, Kalium, Phosphor. Sehr sättigend.
Cayennepfeffer	wird aus den feingemahlenen Chilischoten gewonnen; z.B. Chilipulver von Lebensbaum.
Curry	Gewürzmischung, im Reformhandel erhältlich.
Dill	Gewürzkraut.
Erdmandeln	geröstete und gemahlene Wurzelknollen eines tropischen Grases; z.B. von NaturKraftWerke oder Govinda Natur.

Estragon	Gewürzkraut. Frische Blätter verwenden.
Fibrex	Produkt aus 100 % Zuckerrübenfaser, macht Brote haltbarer; z.B. von der Firma pastaAvanti.
Flohsamen	Psyllium plantago, Samen einer Wegerichart, der im Wasser eingelegt, viel Schleim bildet; z.B. von Sonnentor.
Flohsamenmehl	gemahlener Flohsamen, z. B. von pastaAvanti.
Gemüsebouillon hefefrei	selber herstellen, siehe Rezept Seite 104 oder kaufen; z.B. von Morga.
Glasnudeln	aus Erbsen und grünen Bohnen hergestellt; Zutaten auf dem Produkt beachten.
Goldhirse	wird auch in der Schweiz angebaut, ist im Handel als Korn oder Flocken erhältlich.
Gschwellti	Pellkartoffeln, Kartoffeln in der Schale
Guarkernmehl	Bindemittel; z.B. von Natura.
Hirse-Drink	Milchersatz, im Reformhandel erhältlich; z.B. von Soyana.
Hirsegriess	mittelfeingemahlene Hirse, kann im Reformhandel gekauft werden.
Ingwer	Gewürz; wird frisch als Wurzelstockteil oder getrocknet als Pulver angeboten.
Johannisbrotkernmehl	Bindemittel.
Kanne-Brottrunk	wird aus einem Vollkornsauerteig-Brot hergestellt, enthält Brotmilchsäure-Bakterien, ist nicht pasteurisiert. Kann als Essig-Ersatz gebraucht werden.
Kastanienmehl	gemahlene Kastanien.
Kohlensäure	im Wasser von Teigzutaten, unterstützt das Aufgehen des Teigs.
Kokosmilch	wird hergestellt, indem das Fruchtfleisch mit Wasser püriert und durch ein Tuch ausgepresst wird. Fett- und Wasseranteil trennen sich bei der Lagerung natürlicherweise voneinander und müssen vor der Verwendung durch Rühren neu vermischt werden. Im Reformhandel erhältlich; z.B. von MorgenLand.
Kokosraspel	geraspelte Kokosnuss, kann im Reformhandel gekauft werden.
Koriander	Gewürz.
Kreuzkümmel	Gewürz.
Kümmel	Gewürz. Vor der Verwendung im Mörser zerstossen.
Kürbiskerne	Samen der Kürbisse, enthalten eine Kombination von Phytosterinen, Enzymen, Vitaminen und Wirkstoffen, die bei Blasenleiden und Prostatabeschwerden helfen.
Kurkuma	Gewürz; gibt gelbe Farbe
Lebkuchengewürz	Gewürzmischung, im Reformhandel erhältlich.

Leinöl	kalt gepresstes Speiseöl aus Leinsamen, z. B. in Demeter-Qualität von NaturKraftWerke.
Leinsamen	kleine dunkelbraune Samen mit einem nussig-würzigen Geschmack. Enthalten essentielle, ungesättigte Fettsäuren und sind reich an Vitaminen, Mineralstoffen und Spurenelemente.
Macis	Gewürzpulver aus der Muskatblüte.
Madeira	Dessertwein.
Mais-Hörnli	Teigwaren aus Maismehl ohne Ei-Zusatz; z. B. von Probios.
Maisstärke	Bindemittel.
Mandelmus	im Glas im Reformhandel erhältlich; z. B. von Rapunzel.
Maniokmehl	Bindemittel; auch Tapioka genannt. Das stärkehaltige Mehl wird aus den Knollen des Maniok-Strauches (Manihot esculenta) herge-stellt. Im Reformhandel erhältlich; z. B. von Priméal.
Maranta-Tapioka-Mehlmischung	glutenfreies Bindemittel; z. B. von Biorex.
Marroni	gekochte Speisekastanien.
Muskatnuss	Gewürz. Wirkt verdauungsfördernd und ist in seinem Geschmack kräftig würzig-herb, leicht brennend; kann ab 5 bis 10 Gramm lebertoxisch wirken; normale Würzanwendungen liegen unter 1 Gramm und sind damit unbedenklich.
Nelkenpulver	Gewürz.
Oregano	Gewürzkraut.
Paprika	Gewürz; angeboten als Pulver in verschiedenen Sorten von fruchtig-süss bis würzig-scharf.
Paranüsse	Samen der kokosnussartigen Kapselfrüchte vom Juvia-Baum (bertholetia excelsa), der aus-schliesslich in den tropischen Wäldern Südame-rikas gedeiht. Haben einen hohen Selen-, Mineralstoff- und Arginingehalt und sind reich an ungesättigten Fettsäuren.
Parboiled-Reis	weisser Reis, der dank des Parboiled-Verfahrens alle Vitamine und Mineralstoffe enthält wie Naturreis; z. B. von Spiegelberger.
Passata	feinpassierte, gekochte Tomaten; kann selber hergestellt werden (frische Tomaten passieren) oder ist im Reformhandel erhältlich; z. B. von Rapunzel.
Pastinaken	einheimisches Wintergemüse.
Peace-Cream	schlagbar; ersetzt Schlagrahm, pflanzlich, weizen- und glutenfrei; z. B. von Soyana.
Peterli	Petersilie, Gewürzkraut.
Peperoncini	scharfe Chilischoten.

Pinienkerne	kleine, weiche Kerne aus dem Zapfen der Pinie(pinius pinea), haben einen leichten harzigen und mandelartigen Geschmack. Enthalten viele ungesättigte Fettsäuren, B-Vitamine sowie Vitamin A, D, E und Folsäure.
Pistazien	Frucht des gleichnamigen Baumes. Sind basenreich und haben einen hohen Folsäure-Gehalt sowie an Lezithin und Vitamin E und Mineralstoffen.
Puderzucker	z. B. Syramena-Rohrohrzucker von Naturata.
Quinoa	Meldengewächs, glutenfrei.
Quinoamehl	gemahlene Quinoa; z. B. von Vitarina.
Reis-Drink	im Reformhandel erhältlich; z. B. von Soyana.
Reis-Sirup	eines der ältesten Süssungsmittel; z. B. von Werz.
Reis-Spaghetti	und Reisteigwaren aus Reismehl ohne Zusätze; z. B. von Rapunzel.
Rosmarin	Gewürzkraut.
Rucola	Rauke.
Sanddorn-Vitalsaft	gepresster Sanddornsaft ohne Zusätze, enthält viel Vitamin C; z. B. von Weleda.
Schnittlauch	Gewürzkraut.
Seidentofu	siehe Tofu, hat eine weichere Konsistenz und dient vor allem als Zutat in Süssspeisen und Saucen.
Senfkörner	Gewürz; wird als ganze Körner oder als Senf-mehl angeboten. Senf, aus frisch gemahlener Senfsaat hergestellt, ist wesentlich würziger als solcher aus bereits gemahlenem Senfmehl.
Sesamsamen	sehr mineralstoffreich. In einer beschichteten Pfanne leicht anrösten, intensiviert ihren Geschmack.
Soja-Drink	im Reformhandel erhältlich; z. B. von Soyana.
Soja-Gehacktes	Soja-Granulat als Fleischersatz; z. B. von Soyana.
Soja-Rahm	Rahmersatz, im Reformhandel erhältlich; z. B. von Soyana.
Soja-Sauerrahm	Soyananda, Sauerrahmersatz, fermentierte Bio-Tofu-Zubereitung auf rein pflanzlicher Basis; z. B. von Soyana.
Sumak	säuerlich schmeckendes Gewürz; getrocknete und gemahlene Steinfrüchte des Essigbaums (Rhus coriaria), im türkischen Lebensmittel-handel erhältlich.
Tahin	Sesammus; z. B. von Rapunzel.
Tamari	Sojasauce zum Würzen, ohne Weizen; z. B. von Soyana.

Teff-Flocken	geflockte Äthiopische Zwerghirse, glutenfrei und reichhaltig an Mineralstoffen.
Thymian	Gewürzkraut.
Tofu	wird aus Sojabohnen hergestellt. Er hat kaum Eigengeschmack, nimmt aber andere Aromen auf. Fester Tofu wird in Blöcken natur, geräuchert, mariniert oder gemischt mit Gemüsen und Gewürzen verkauft; z.B. von Engel oder Soyana.
Tomatenmark	Tomatenpüree bzw. -konzentrat; z.B. von Rapunzel.
Vanillezucker	Roh-Rohrzucker mit echter Bourbon-Vanille; z.B. von Naturata.
Verjus	Essig-Ersatz aus unreifen Weintrauben; z.B. von Beatrix und Peter Müller, Weinbau, Gösgerstrasse 39, 5015 Erlinsbach SO.
Voelkel-Direktsaft	verwenden anstelle von selber frisch gepressten Fruchtsäften, ist nicht aus Konzentrat rückverdünnt und enthält keine Konservierungsstoffe.
Vollrahm	Sahne
Vollreismehl	gemahlener Vollreis, im Reformhaus mahlen lassen, ist im Reformhandel erhältlich; z.B. von Vanadis.
Vollrohrzucker	unraffinierter Zucker aus eingedicktem und getrocknetem frischem Zuckerrohrsaft; besteht aus 95 Prozent Saccharose und anderen Zuckerarten und enthält die ursprünglichen Mineralstoffe, Spurenelemente und Vitamine des Zuckerrohrs.
Weinstein	Säuerungsmittel anstelle von Natriumphosphat in biologischen Backpulvern, wird aus Rohweinstein in Ablagerungen von Weinfässern gewonnen.
Worcester-Sauce	in Bio-Qualität; z.B. von Naturata.
Zimt	Gewürz.
Zitronengras	Gewürzpflanze; eine grasähnliche oder schilfartige Staude, zumeist aus Südasien, Südostasien und Australien; kommt wild in Sri Lanka, Burma, Thailand und Indien vor. Ihr Geruch und Geschmack ist frisch und zitronenartig (Citral), verleiht den Speisen eine säuerlich, pikante Würze. Frisches Zitronengras ist im Asia-Shop, in gut sortierten Supermärkten und eventuell auf Wochenmärkten erhältlich.

Hirse-Brot.
(Rezept Seite 162)

Müesli

4-5 EL	Hirse- oder Reisflocken
1 KL	Mandelmus
1 KL	Dattelmus oder 1 EL Fruchtdicksaft oder Dörrobst feingeschnitten
0,6-1 dl	Reis-Drink oder Mandel-Drink
	Früchte nach Saison geschnitten
evtl. 1 EL	Vollrahm zum Verfeinern

(Zutaten für 1 Person)

· Mandelmus mit Reis- oder Mandel-Drink aufrühren, Flocken beigeben, 15 Minuten einweichen.
· Wenn als Süssungsmittel Dörrobst verwendet wird, dieses ebenfalls einweichen.
· Restliche Zutaten beigeben und servieren.

Buchweizen-Müesli

6 EL	Buchweizenflocken
2 EL	Amaranth gepufft
1-2 EL	Erdmandeln gemahlen
1 EL	Rosinen
2 KL	Cashewmus
1 EL	Birnel oder Vollrohrzucker
1 EL	Leinöl
1,3 dl	Wasser
1	Banane in Stücke geschnitten oder andere Früchte, Obst oder Beeren, je nach Saison und Verträglichkeit
evtl. wenig	Vollrahm oder Soja-Rahm zum Verfeinern

(Zutaten für 1 Person)

· Cashewmus mit Wasser aufrühren, Rosinen und
· Buchweizenflocken beimengen.
· Über Nacht zugedeckt im Kühlschrank lassen.
· Am Morgen die restlichen Zutaten dazugeben.

Früchte-Müesli

2-3	frische Früchte und Obst, je nach Saison und Verträglichkeit
1 EL	frische Beeren je nach Saison und Verträglichkeit
2 EL	Erdmandeln
2 EL	Teff-Flocken
1 EL	Samen nach Belieben: Leinsamen, Sesamsamen oder Sonnenblumenkerne
evtl. wenig	Vollrohrzucker
1 dl	Vollrahm oder Soja-Rahm

(Zutaten für 1 Person)

· Früchte, Obst und Beeren waschen, rüsten und in mundgerechte Stücke schneiden.
· Alle Zutaten in einer Schüssel miteinander mischen.

Hirsebrei

2 dl	Hirse-Drink
50 g	Hirseflocken
1	Apfel mit Bircher-Raffel gerieben
1	Birne in kleine Stücke geschnitten
1 Prise	Salz
1 EL	Birnel oder Agavendicksaft
evtl. 1 EL	Nüsse gehackt

(Zutaten für 1 Person)

· Hirse-Drink in einer Pfanne aufkochen, Hirseflocken einstreuen, umrühren, Hitze reduzieren.
· Restliche Zutaten, ausser Nüssen, beigeben und 5 Minuten unter Rühren leicht kochen lassen.
· Beiseitestellen, circa 5 Minuten quellen lassen, dann Nüsse dazugeben und servieren.

Brombeeren-Konfitüre

FRUKTOSEARM

500 g	Brombeeren frisch oder tiefgekühlt
20 g	Bio-Unigel
1,5 dl	Wasser
300 g	Traubenzucker

- Brombeeren waschen, in eine Pfanne geben und mit dem Wasser circa 5 Minuten gar kochen.
- Bio-Unigel beigeben, gut verrühren und circa eine Minute kochen.
- Traubenzucker unter ständigem Rühren langsam einrieseln lassen, kurz aufkochen.
- Die kochend heisse Konfitüre bis zum Rand in vorgewärmte Gläser füllen, Glas verschliessen und kurz auf den Deckel stellen.

Hinweis: Geöffnete Konfitüren im Kühlschrank aufbewahren. In kleinen Mengen und je nach Toleranz eignet sich diese Konfitüre bei Fruchtzuckerunverträglichkeit, probieren Sie es vorsichtig aus.

Nektarinen-Konfitüre

FRUKTOSEARM

1 kg	Nektarinen oder Aprikosen gerüstet, in Würfel geschnitten
40 g	Bio-Unigel
2 dl	Wasser
150 g	Traubenzucker
150 g	Vollrohrzucker

- Nektarinen waschen, rüsten, in kleine Würfel schneiden, in eine Pfanne geben und mit dem Wasser gar kochen. Mit dem Stabmixer pürieren.
- Bio-Unigel beigeben, gut verrühren und circa eine Minute kochen.
- Zucker und dann Traubenzucker unter ständigem Rühren langsam einrieseln lassen, kurz aufkochen.
- Die kochend heisse Konfitüre bis zum Rand in vorgewärmte Gläser füllen, Gläser verschliessen und kurz auf den Deckel stellen.

Hinweis: Geöffnete Konfitüren im Kühlschrank aufbewahren. In kleinen Mengen und je nach Toleranz eignet sich diese Konfitüre bei Fruchtzuckerunverträglichkeit, probieren Sie es vorsichtig aus.

Nussiger Schokoladenaufstrich

FRUKTOSEARM

50 g	Butter
100 g	weisses Mandelmus
120 g	Reissirup
2 KL	Vanillezucker
1 ½ EL	Kakaopulver
1 Prise	Salz

- Butter in einer Schüssel im Wasserbad schaumig rühren.
- Restliche Zutaten beigeben, mit dem Schneebesen gut verrühren.
- Den Aufstrich in ein verschliessbares Glas abfüllen, im Kühlschrank aufbewahren.

Rhabarber-Aufstrich

FRUKTOSEARM

300 g	Rhabarber in kleine Würfel geschnitten
2 EL	Mandelmus oder Erdmandelcrème
4–5 EL	Reissirup
1 KL	Vanillezucker
2 KL	Johannisbrotkernmehl
evtl. 1 EL	Leinöl

· Rhabarber waschen, rüsten, in kleine Würfel schneiden. In eine Pfanne geben und mit 1 bis 2 EL Wasser gar kochen.

· Abkühlen lassen. Die restlichen Zutaten beigeben und mit dem Stabmixer pürieren.

· Nach Belieben nachsüssen.

· In ein Glas abfüllen, mit Deckel verschliessen.

Hinweis: Zum sofortigen Verbrauch bestimmt. Im Kühlschrank aufbewahren. Dieser Aufstrich eignet sich als Konfitüren-Alternative bei Fruktoseintoleranz.

Papaya-Aufstrich

FRUKTOSEARM

200 g	reife Papaya ohne Kerne, in Würfel geschnitten
1	Limette, Saft frisch gepresst
20 g	Vollreismehl Rundkorn
4-5 EL	Reissirup
1 dl	Wasser
2 KL	Johannisbrotkernmehl
evtl. 1 EL	Leinöl

- Papaya waschen, schälen, rüsten, in Würfel schneiden und in einer Pfanne mit dem Wasser gar kochen. Limettensaft beigeben.
- Reismehl einrühren, kurz kochen.
- Abkühlen lassen. Die restliche Zutaten beigeben und mit dem Stabmixer pürieren.
- Nach Belieben nachsüssen.
- In ein Glas abfüllen, mit Deckel verschliessen.
-

Hinweis: Zum sofortigen Verbrauch bestimmt. Im Kühlschrank aufbewahren. Dieser Aufstrich eignet sich als Konfitüren-Alternative bei Fruktoseintoleranz.

FLEISCHLOSE GERICHTE

Curry-Knöpfli.
(Rezept Seite 118)

Gemüsebouillon

1 kg	Gemüse je nach Verträglichkeit: z.B.
	Karotte
	Sellerieknollen
	Stangensellerie mit wenig Kraut
	Fenchel
	Lauch
	grosse Zwiebel
1 KL	Salz
	Pfeffer schwarz
4 EL	Liebstöckel, Petersilie, Majoran
2 Msp	Kurkumapulver
1 Msp	Cayennepfeffer

· Alle Zutaten fein schneiden und in eine Pfanne geben, mit Wasser knapp bedecken. Kurz aufkochen und bei wenig Hitze 30 Minuten leicht einkochen lassen.
· Die Masse pürieren und in heiss gespülte Gläser luftdicht verschliessen. Im Kühlschrank aufbewahren und bald konsumieren.

Hinweis: Die Bouillon kann auch in Würfelbehälter fürs Tiefkühlfach abgefüllt und tiefgekühlt werden und ist somit immer portionenweise gebrauchsbereit.

Hirsegriess-Suppe

1 Liter	Gemüsebouillon hefefrei
50 g	Hirsegriess
1	kleine Karotte feingeraffelt
1 Stk	Sellerie feingeraffelt
	Pfeffer
	Kräuter nach Belieben

· Hirsegriess in einen Liter siedende Gemüsebouillon einrieseln lassen, mit dem Schneebesen ständig rühren.
· Hitze reduzieren, das geraffelte Gemüse beigeben, würzen und 15 bis 20 Minuten leicht köcheln lassen.

Kürbissuppe

1 kg	Kürbis in kleine Würfel geschnitten
1	grosse Kartoffel in kleine Würfel geschnitten
1	grosse Zwiebel oder Schalotte gehackt
1 Liter	Gemüsebouillon hefefrei oder Wasser
	Salz, Pfeffer, Curry
	Öl zum Dünsten
evtl.	Sauerrahm vollfett oder Soja-Sauerrahm

· Zwiebeln oder Schalotten und Kürbiswürfel kurz in einer Pfanne dünsten, mit Wasser knapp bedecken und aufkochen. Hitze reduzieren, Kartoffelwürfel und Gemüsebouillon beigeben und zugedeckt 15 bis 20 Minuten weichköcheln.
· Die Suppe pürieren, nachwürzen und je nach gewünschter Konsistenz etwas Flüssigkeit dazugeben.
· Zur Verfeinerung kann kurz vor dem Servieren etwas Sauerrahm oder Soja-Sauerrahm eingerührt werden.

Karotten-Suppe mit Amaranth *sehr fein*

BILD SEITEN 10/11

100 g	Amaranth
8-10	mittlere Karotten in Rädchen geschnitten
1	Zwiebel oder Schalotte feingehackt
1 Liter	Gemüsebouillon hefefrei
2 dl	Reis-Drink
30 g	Butter in Flocken
einige Tr	Kürbiskernöl und/oder geröstete Kürbiskerne zur Garnitur
	Salz, Pfeffer, Dill, Peterli
	Öl zum Dünsten

· Amaranth in einem Sieb unter fliessendem Wasser abspülen, abtropfen lassen.
· Zwiebel oder Schalotten mit wenig Öl dünsten, die Gemüse-bouillon dazugiessen, Amaranth in die kochende Gemüsebouillon einrühren. Karotten beigeben und circa 20 Minuten mitkochen. Reis-Drink und Butter zuletzt beigeben, und alles mit dem Stabmixer pürieren.
· Je nach gewünschter Konsistenz mehr Gemüsebouillon dazugeben, eventuell nachwürzen.

Endivien-Salat

BILD SEITEN 236/237

1	Endiviensalat
8-10 Blätter	Cicorino rosso
50-100 g	Roquefort-Schafskäse
2	Orangen blond
wenige	Trauben
4-5 EL	Mandelsplitter oder Baumnusskerne geröstet

· Mandelsplitter oder Baumnusskerne unter ständigem Rühren in einer weiten, beschichteten Bratpfanne bei mittlerer Hitze wenige Minuten rösten, abkühlen lassen.
· Salat rüsten, waschen, schneiden.
· Käse in kleine Würfel schneiden, Orangenschnitze zerkleinern und alles vorsichtig mischen.
· Als Salatsauce die Grundsauce Rezept Seite 146 zubereiten.
· Alle Zutaten miteinander mischen.

Dazu passt Gschwellti.

Gemüse-Reis

SCHNELL GEMACHT

1	Zwiebel oder Schalotte
1 EL	Olivenöl
3	Wirzblätter
1/5	Peperoncini ohne Kerne
1/2	Peperoni rot
1-2 EL	Erbsen fein
10	Oliven grün ohne Stein, geviertelt
500 g	Parboiled-Reis
1,3 l	Gemüsebouillon hefefrei
	Rucola für die Garnitur

· Zwiebel oder Schalotte fein schneiden, in Pfanne mit Olivenöl dünsten, das feingeschnittene Gemüse und den Reis beigeben.
· Mit Gemüsebouillon ablöschen, circa 10 Minuten weichkochen.
· Beim Anrichten die ganzen, frischen Rucolablätter darüber verteilen.

Dazu passt grüner Salat.

Gefüllte Auberginen

2	Auberginen
1	Zwiebel oder Schalotte feingehackt
1	Knoblauchzehe gepresst
1/2	kleine Zucchetti geschält, kleingewürfelt
2	Tomaten geschält, kleingewürfelt
3 EL	Sauerrahm vollfett oder Soja-Sauerrahm
	Kräutersalz, Pfeffer, Cayennepfeffer, Paprika, Oregano
8	Oliven ohne Stein in Ringe geschnitten
2–3 dl	Passata frisch oder aus dem Glas
4 EL	Hirseflocken fein
wenig	Butterflocken zum Darüberstreuen

- Auberginen waschen und 10 bis 15 Minuten weichdämpfen, abkühlen lassen, längs halbieren, Stielansatz entfernen und aushöhlen.
- Auberginenfleisch in einer separaten Schüssel mit einer Gabel zerdrücken. Tomaten, Zwiebel, Knoblauch, Zucchetti, Sauerrahm oder Soja-Sauerrahm und Oliven dazugeben, mischen und mit Kräutersalz, Pfeffer, wenig Cayennepfeffer und Paprika würzen.
- Die Auberginenhälften in eine gefettete Gratinform legen, mit etwas Kräutersalz würzen und die Gemüsemischung einfüllen.
- Hirseflocken darüberstreuen und Butterflocken darauf verteilen.
- Je nach Belieben 2 bis 3 dl passierte Tomaten mit wenig feingeschnittenem Oregano um die Auberginen verteilen.
- In der oberen Backofenhälfte bei 180 Grad circa 30 Minuten backen.

Dazu passt Hirsotto, Rezept Seite 123.

Linsengericht

200 g	Linsen braun
200 g	Karotten oder Knollensellerie geraffelt
1	Zwiebel oder Schalotte feingehackt
1	Knoblauchzehe gepresst
1 Stück	Lauch in feine Ringe geschnitten
	Salz, Pfeffer
1 EL	Öl zum Dünsten
6 dl	Wasser
2-3 EL	Vollrahm oder Soja-Rahm zum Verfeinern

	Gewürze Variante 1:
2 Msp	Kurkumapulver
je 1 Msp	Kreuzkümmelpulver
	Korianderpulver
	Kardamompulver
	Ingwerpulver
	Macis
	Paprika scharf

	Gewürze Variante 2:
½ KL	Currypulver

· Linsen in reichlich Wasser 1 bis 2 Stunden einweichen, Wasser abgiessen, Linsen verlesen und dann unter fliessendem Wasser waschen.
· Öl in einer Pfanne erhitzen, Zwiebel oder Schalotte kurz dünsten, Karotten bzw. Sellerie, Lauch und Linsen beigeben, mit 6 dl Wasser ablöschen und circa 30 Minuten leicht weiterkochen lassen.
· Erst gegen Ende der Kochzeit Salz und die Gewürze der Variante 1 oder 2 beigeben.

Dazu passen gekochte Kartoffeln mit Fenchel und Salat.

Gefüllte Peperoni

4	mittelgrosse Peperoni rot, ganz
1	Peperoni rot in kleine Würfel geschnitten
1	kleine Zucchetti in kleine Würfel geschnitten
1–2	Zwiebeln oder Schalotten feingeschnitten
wenig	Öl zum Dünsten
1–2 dl	Sauerrahm oder Soja-Sauerrahm
	Kräutersalz, Pfeffer, Paprika, Cayennepfeffer
	Ossau-Iraty-Schafskäse oder feine Hirseflocken mit Butterstückchen
	Zwiebelringe oder Schalottenringe zum Garnieren

Sauce:

1–2	Tomaten in kleine Stücke geschnitten
1 KL	Tomatenmark
1 Drittel	der vorbereiteten Gemüsefüllung
	Oregano, Basilikum, Rosmarin

· Vier ganze Peperoni waschen, Deckel mit Stiel abschneiden, aushöhlen. In einer Pfanne mit wenig Wasser weichdämpfen.
· In der Zwischenzeit die Füllung vorbereiten: die Deckelabschnitte und eine zusätzliche Peperoni sowie die Zucchetti in kleine Würfel schneiden und mit den feingeschnittenen Zwiebeln oder Schalotten in wenig Öl dünsten, wenig Wasser dazugeben, circa 10 Minuten weichdämpfen, mit Kräutersalz und Pfeffer würzen und den Sauerrahm beigeben.
· Die vier vorbereiteten Peperoni in eine gefettete Gratinform stellen und etwa mit zwei Drittel der Gemüsefüllmasse füllen. Diese Füllmasse mit Paprika und wenig Cayennepfeffer nachwürzen, sie soll rassig schmecken.
· Zuletzt wenig geriebenen Schafskäse nach Verträglichkeit bzw. feine Hirseflocken mit Butterstückchen und ein paar Zwiebel- bzw. Schalottenringe über die gefüllten Peperoni verteilen, im Backofen 15 bis 20 Minuten gratinieren.

Sauce:
· Tomatenstücke, etwas Tomatenmark zu der restlichen Füllung geben und kurz aufkochen, nach Belieben mit frischem Oregano, Rosmarin und/oder Basilikum abschmecken.

Dazu passt Wildreis oder Reis.

Buchweizen-Eintopf

250 g	Buchweizen
1	Zwiebel oder Schalotte feingehackt
½	Knoblauchzehe gepresst
1	Karotte feingehobelt
1 Stk	Sellerie kleingewürfelt
5 dl	Gemüsebouillon hefefrei
1 KL	Currypulver
1 KL	Kurkumapulver
1 EL	Majoran feingeschnitten
	Pfeffer aus der Mühle
½ Becher	Sauerrahm oder Soja-Sauerrahm

· Buchweizen heiss waschen. Zwiebeln oder Schalotten dünsten, das gerüstete Gemüse dazugeben. Buchweizen und Knoblauch kurz mitdünsten, mit Gemüsebouillon aufkochen, Hitze reduzieren, und 10 Minuten leicht kochen lassen.
· Gewürze beigeben und 5 Minuten weiter zugedeckt leicht kochen lassen. Sauer- bzw. Soja-Sauerrahm darunterrühren und zugedeckt 15 Minuten quellen lassen.

Dazu passt Selleriesalat mit frischer Ananas oder säuerlichem Apfel.

Pastinaken an Lauchsauce

600 g	Pastinaken gerüstet, in dünne Scheiben geschnitten
150 g	Lauch feingeschnitten
1	kleine Zwiebel oder Schalotte feingehackt
2 EL	Vollreismehl Rundkorn
2 dl	Reis-Drink
1 EL	Zitronensaft frisch gepresst
1 dl	Vollrahm oder Soja-Rahm
wenig	Salz und Pfeffer aus der Mühle
wenig	Muskatnuss gerieben
2 EL	Kürbiskerne geröstet als Garnitur

- Kürbiskerne in einer beschichteten Bratpfanne ohne Fettzugabe leicht rösten, beiseitestellen.
- Pastinaken mit einer Bürste gründlich waschen, eventuell schälen. In dünne Scheiben schneiden und dampfgaren oder mit wenig Wasser 7 bis 10 Minuten gar kochen, Wasser abgiessen und beiseitestellen.
- Lauchsauce: Butter oder Öl in einer Pfanne erwärmen, Zwiebeln und Lauch auf kleiner Stufe circa 5 Minuten dünsten. Reismehl beigeben und verrühren.
- Mit Reis-Drink ablöschen und unter ständigem Rühren mit dem Schneebesen aufkochen.
- Hitze reduzieren, Zitronensaft beigeben und auf kleiner Stufe circa 20 Minuten leicht köcheln lassen.
- Rahm beigeben, verrühren.
- Mit Salz, Pfeffer und Muskatnuss würzen.
- Zum Schluss die gekochten Pastinaken zur Sauce geben.
- Mit Kürbiskernen garniert servieren.

Dazu passt Reis, Hirseburger oder gedämpfter Brokkoli mit Erbsen.

Amaranth-Gratin

NACH GRIECHISCHER ART

200 g	Amaranth
5 dl	Wasser
1-2	Zwiebeln oder Schalotten feingehackt
circa 10 Stk	grüne Oliven ohne Stein, in Viertel geschnitten
1	kleine Peperoni rot, in feine Streifen geschnitten
¼	Wirz in feine Streifen geschnitten
1	Tomate in kleine Würfel geschnitten
evtl.	Peperoncini
2 EL	Pinienkerne
100-200 g	Schmelz-Ziegenkäse oder Roquefort-Schafskäse
evtl. 1	Knoblauchzehe gepresst
	Kräutersalz
	Salz, Pfeffer, Paprika

· Amaranth unter fliessendem Wasser spülen, mit 5 dl Wasser aufkochen und zugedeckt 20 Minuten köcheln lassen, mit Kräutersalz würzen und nachquellen lassen.
· Zwiebeln oder Schalotten, Peperoni, Wirz, Tomatenwürfelchen und Knoblauch kurz dünsten, mit Salz, Pfeffer, Paprika würzen.
· Den gekochten Amaranth mit dem gedünsteten Gemüse, Oliven und Pinienkernen mischen und in eine eingefettete Gratinform füllen.
· Wer es pikant mag, kann feingeschnittene Peperoncini dazugeben.
· Den Käse darüber verteilen und zum Schluss Zwiebel- bzw. Schalottenringe darauflegen.
· Im vorgeheizten Backofen in der oberen Backofenhälfte während circa 20 Minuten bei 220 Grad gratinieren.

Dazu passt Salat.

Amaranth-Burger

200 g	Amaranth
5 dl	Wasser
1	Zwiebel oder Schalotte
¼	Peperoncini
½	Peperoni rot
1 EL	grüne Erbsen fein, frisch oder tiefgekühlt
2 KL	Johannisbrotkernmehl
3 EL	Vollreismehl oder Braunhirsemehl
	Kräutersalz, Pfeffer, Cayennepfeffer
	Öl zum Braten

- Amaranth mit circa 5 dl Wasser 10 Minuten kochen und 15 Minuten zugedeckt quellen lassen.
- Zwiebel oder Schalotte, Peperoncini und Peperoni fein schneiden und mit den Erbsen in einer Bratpfanne weiterdünsten, auskühlen lassen.
- Den ausgekühlten Amaranth mit Kräutersalz, Pfeffer und Cayennepfeffer würzen.
- Das vorbereitete Gemüse, Reismehl und Johannisbrotkernmehl dazugeben, gut mischen.
- Mit zwei Esslöffeln Burgermasse entnehmen und Kugeln formen, im Reismehl wenden, zu Burgern formen und nochmals im Reismehl wenden.
- Wenig Öl erhitzen, Burger beidseits goldbraun braten.

Die Amaranth-Burger mit verschiedenen Salaten oder mit gekochtem Gemüse zu Currysauce und Früchten servieren.

Gemüse-Stroganoff

BILD SEITE 115

800 g	Gemüse je nach Saison in feine Streifen geschnitten
	geeignet sind:
	Peperoni
	Zucchetti
	Grüne Bohnen halbiert, evtl. vorkochen
	Brokkoli in kleinen Röschen
	Kohlrabi oder gelbe Räbe
	Lauch
1-2	Zwiebel oder Schalotte
evtl. 1	Knoblauchzehe
1/4	Peperoncini ohne Kerne
1 EL	Maisstärke
5 EL	Verjus
1 EL	Agavendicksaft
2 dl	Passata
1	kleine Salatgurke, in feine Stäbchen geschnitten
	Salz, Pfeffer, Cayennepfeffer, Ingwer
1-2 EL	Cashewnüsse oder Pinienkerne als Garnitur
	Öl zum Braten

· Wenig Öl in einer weiten Pfanne oder im Wok heiss werden lassen, Hitze reduzieren, das gerüstete Gemüse 5 Minuten dämpfen, würzen, die Maisstärke mitrühren, mit Verjus und Wasser ablöschen.

· Passata, circa 1 dl Wasser und Agavendicksaft dazugeben, rühren und weitere 10 bis 15 Minuten köcheln lassen, bis das Gemüse gar ist.

· Zuletzt die Salatgurkenstäbchen daruntermischen, anrichten und nach Belieben geröstete Cashew- bzw. Pinienkerne als Garnitur darüberstreuen.

Dazu passt Reis, Hirsotto, Amaranth oder Quinoa.

Omeletten

Mehlmischung 1:
150 g Vollreismehl und
150 g Hirsemehl

Mehlmischung 2:
100 g Vollreismehl
150 g Maismehl
50 g Buchweizenmehl

2 KL Johannisbrotkernmehl
2 EL Olivenöl
½ KL Salz
3 dl Hirse-Drink oder Wasser
1 dl Vollrahm oder Soja-Rahm

· Johannisbrotkernmehl mit der Mehlmischung 1 oder 2 in einer Schüssel gut mischen, Salz und Olivenöl hinzufügen.
· Mit Hirse-Drink und Rahm zu einem glatten Teig verrühren. Den Teig circa 20 Minuten zugedeckt stehenlassen. Bei Bedarf etwas Wasser hinzufügen.
· Öl in einer beschichteten Pfanne erhitzen, eine Portion Teig in die Pfanne geben, mit einem nassen Löffel glattstreichen, beidseits goldbraun braten. Die fertigen Omeletten im auf 50 Grad vorgeheizten Backofen warmhalten.

Mit pikanter Füllung: gedämpftes, feingeschnittenes Gemüse
Mit süsser Füllung: mit Konfitüre bestreichen oder mit geraffeltem Apfel mit Zucker und Zimt füllen

Falafel

KICHERERBSENBRATLINGE

150 g	Kichererbsen getrocknet
1	Zwiebel oder Schalotte gehackt
1	Knoblauchzehe gepresst
1 EL	Olivenöl
5-6 EL	Buchweizenmehl oder Hirsemehl
2 KL	Johannisbrotkernmehl
½ KL	Backpulver phosphatfrei, mit dem Mehl mischen
70 g	Karotten geraffelt
50 g	Rettich feingeraffelt
½ KL	Kreuzkümmelpulver
½ KL	Korianderpulver oder
	frische Korianderblätter feingeschnitten
1 KL	Salz
	Pfeffer aus der Mühle

· Kichererbsen über Nacht in Wasser einweichen. Das Einweichwasser wegschütten, die Kichererbsen unter fliessendem Wasser
abspülen und danach zugedeckt circa 1 Stunde weichkochen.
Das Kochwasser abgiessen, die Kichererbsen mit 1 dl Wasser
pürieren.

· Karotten, Rettich, Zwiebeln oder Schalotten, Knoblauch, Öl und
Gewürze dazugeben und nochmals kurz pürieren, abkühlen lassen.

· Das Mehl, gut gemischt mit dem Johannisbrotkernmehl und dem
Backpulver, darunterkneten, mit nassen Händen Bratlinge formen
und im Mehl wenden.

· In der Bratpfanne im Erdnussöl goldbraun braten.

Dazu passt ein bunter Salat.

Curry-Knöpfli

BILD SEITE 102

300 g	Maismehl
30 g	Maisstärke
50 g	Vollreismehl Rundkorn
3 KL	Guarkernmehl
1 KL	Salz
1 EL	Curry mild
50 g	flüssige Butter oder Pflanzenöl
6 dl	Wasser

· Die Mehle, Maisstärke, Guarkernmehl, Salz und Curry in einer Schüssel gut miteinander mischen.

· Die flüssige Butter oder Pflanzenöl beigeben. Nach und nach unter Rühren mit einer Lochkelle das Wasser dazumischen und zu einem Teig verrühren. Der Teig hat eine Konsistenz wie ein festerer, geschmeidiger Kuchenteig.

· Teig portionenweise durch das Knöpflisieb ins gesalzene, siedende Wasser streichen.

· Die an die Oberfläche steigende Knöpfli mit einer Schaumkelle herausnehmen, kalt abspülen und abtropfen lassen.

· Knöpfli portionenweise in einer weiten, beschichteten Pfanne kurz braten.

· Oder: Die Knöpfli nicht kalt abspülen und sofort servieren, ohne sie zu braten.

Dazu passt Currysauce.

Teufelstränen (scharfe Knöpfli)

300 g	Buchweizenmehl
50 g	Kichererbsenmehl
3 KL	Johannisbrotkernmehl
1 KL	Salz
150 g	Rote Peperoni, circa 2 Stück
3 EL	Tomatenpüree
½	Knoblauchzehe gepresst
50 g	Olivenöl
½ -1	Peperoncini oder Chilischote habanero
1 Msp	Kreuzkümmelpulver, Paprika scharf
wenig	Pfeffer aus der Mühle oder
	Ingwerpulver oder frischen Ingwer geraffelt
4 dl	Wasser

- In einer Schüssel alle Mehle und Salz gut miteinander mischen. Peperoni waschen, schälen, entkernen und mit der Bircherraffel in eine separate Schüssel reiben. Oder: Die Peperoni mit dem Mixer pürieren.
- Zu der Peperonimasse das Tomatenpüree, gepressten Knoblauch, Olivenöl und entkernte, sehr fein geschnittene Peperoncini dazugeben.
- Die Masse mit Kräutersalz, wenig Kreuzkümmel und Ingwer würzen, gut verrühren.
- Die Peperonimasse zur Mehlmischung geben.
- Nach und nach unter Rühren mit einer Lochkelle das Wasser dazumischen. Den Knöpfliteig so lange klopfen, bis er Blasen bildet.
- Den festen, geschmeidigen Teig portionenweise durch das Knöpflisieb ins gesalzene, siedende Wasser streichen.
- Die an die Oberfläche steigenden Knöpfli mit einer Schaumkelle herausnehmen, kalt abspülen und abtropfen lassen.
- Knöpfli portionenweise in einer weiten, beschichteten Pfanne kurz braten.
- Oder: Die Knöpfli nicht kalt abspülen und ohne zu braten sofort servieren.

Dazu passen Röstzwiebeln und gedämpftes Gemüse; grillierte Pouletbrust mit verschiedenen Salaten; Rahmsauce und Spinat; Knöpfli mit Zwiebeln, Peperonistreifen und fein geschnittenem Lattich mit Früchten (Mango, Ananas, Apfel) braten.

Kräuter-Knöpfli

300 g	Buchweizenmehl
50 g	Kastanienmehl
20 g	Amaranthmehl
2 KL	Johannisbrotkernmehl
1 ½ KL	Kräutersalz
wenig	Pfeffer aus der Mühle
1 Msp	Korianderpulver
1 Msp	Ingwerpulver oder wenig
	frischen Ingwer geraffelt
½	Knoblauchzehe gepresst
3 EL	Petersilie fein geschnitten
3 EL	Schnittlauch fein geschnitten
50 g	Pflanzenöl
4 dl	Wasser

· In einer Schüssel alle Mehle und Salz gut miteinander mischen.
· Petersilie und Schnittlauch waschen, trocken tupfen und sehr fein schneiden, zum Mehl mischen.
· Salz, Koriander, Ingwer, Knoblauch und Pflanzenöl dazugeben.
· Nach und nach unter Rühren mit der Lochkelle das Wasser dazumischen. Den Knöpfliteig so lange klopfen, bis er Blasen bildet.
· Den festen, geschmeidigen Teig portionenweise durch das Knöpflisieb ins gesalzene, siedende Wasser streichen.
· Die an die Oberfläche steigenden Knöpfli mit einer Schaumkelle herausnehmen, kalt abspülen und abtropfen lassen.
· Knöpfli portionenweise in einer weiten, beschichteten Pfanne kurz braten.
· Oder: Die Knöpfli nicht kalt abspülen und ohne braten sofort servieren.

Sellerie-Schnitzel

1	Knolle Sellerie
	Salz
2 EL	Sesamsamen oder geriebene Mandeln
2 EL	Maisgriess fein
2 EL	Maismehl
	Kräutersalz, Pfeffer, Paprika
1 KL	Johannisbrotkernmehl
	Öl zum Braten

· Sellerieknolle schälen, halbieren und in 5 Millimeter dicke Scheiben schneiden, in Salzwasser weichkochen, abtropfen und mit Küchenpapier trockentupfen.
· Johannisbrotkernmehl mit 2 bis 3 Esslöffeln Wasser aufrühren.
· Maisgriess, Maismehl und Sesamsamen bzw. geriebene Mandeln mit etwas Kräutersalz, Pfeffer und Paprika in einem Suppenteller gut mischen.
· Die gekochten Sellerie-Schnitzel im angerührten Johannisbrotkernmehl und anschliessend in der Panade wenden, Panade gut andrücken.
· Die panierten Sellerie-Schnitzel in einer beschichteten Bratpfanne mit wenig Öl braten.

Dazu passen Maisteigwaren mit Ratatouille, ein gemischter Salat oder ein Gemüseteller.

Hirse-Auflauf

250 g	Goldhirse
7,5 dl	Wasser
1 KL	Salz
500 g	Gemüse feingeschnitten: Peperoni, Zucchini, Erbsen
1	Zwiebel oder Schalotte gehackt
50 g	Hirseflocken
1	Feige, in feine Streifen geschnitten
1 EL	Tahin
1 EL	Pinienkerne
2,5 dl	Vollrahm, steif geschlagen
evtl. wenig	Roquefort-Schafskäse zum Überbacken
	Kräutersalz, Paprika, Pfeffer
wenig	Butter
	Butter zum Einfetten der Gratinform

· Goldhirse mit heissem Wasser waschen, mit dreifacher Wassermenge und 1 Kaffeelöffel Salz circa 15 Minuten auf kleiner Stufe köcheln lassen, beiseitestellen und 10 Minuten zugedeckt quellen lassen.
· Mit einer Gabel lockern, wenig Butter und eventuell Kräutersalz zugeben.
· Das gerüstete Gemüse weichdämpfen, mit Kräutersalz, scharfem Paprika und Pfeffer würzen.
· Goldhirse, Gemüse und die restlichen Zutaten mischen, den steif geschlagenen Rahm zuletzt vorsichtig unter die Masse ziehen und in eine ausgebutterte Gratinform geben.
· Eventuell Käse darüberstreuen.
· In der Mitte des vorgeheizten Backofens bei schwacher Mittelhitze während 30 Minuten backen.

Dazu passt Salat oder zum Abendessen gekochtes Gemüse.

Hirsotto

300 g	Goldhirse
1 l	Gemüsebouillon hefefrei oder gesalzenes Wasser
1	Zwiebel oder Schalotte feingehackt
	Peterli feingeschnitten
	Olivenöl

· Hirse mit heissem Wasser waschen.
· Zwiebel oder Schalotte in wenig Olivenöl andünsten, gewaschene Hirse dazugeben.
· Mit 1 Liter Gemüsebouillon ohne Hefe oder Wasser mit Salz aufkochen, 15 Minuten leicht köcheln und 10 Minuten nachquellen lassen, mit Gabel lockern.
· Je nach Sorte kann die Kochzeit variieren.

Passt zu Salaten als Mittagsmenu oder am Abend zu gekochtem, Gemüse wie Tomaten, Zucchetti, gefüllten Auberginen, Ratatouille.

Hirseburger

BILD SEITEN 228/229

400 g	Goldhirse
1,2 l	Wasser
1 Prise	Salz
1-2	Zwiebel oder Schalotte feingehackt
circa 50 g	halber Peperoni grün, in kleine Würfel geschnitten, oder kleingeschnittenes Gemüse nach Belieben
2 EL	Sprossen nach Belieben
	Kräutersalz, Pfeffer
1 KL	Johannisbrotkernmehl oder Guarkernmehl
	Olivenöl zum Anbraten

· Die Goldhirse mit heissem Wasser waschen, mit 3facher Wassermenge und 1 Prise Salz circa 15 Minuten auf kleiner Stufe köcheln lassen, beiseitestellen und quellen lassen.
· Olivenöl erhitzen, Zwiebeln oder Schalotten und Peperoni bzw. Gemüse weichdünsten, mit Kräutersalz und Pfeffer würzen. Alles auskühlen lassen.
· Johannisbrotkernmehl, Gemüse und Sprossen mit der Hirse gut mischen und zu Burgern formen.
· Unter mehrmaligem Wenden im Olivenöl goldgelb braten.

Dazu passt Gemüsesauce (Rezept Seite 155) und grüner Salat oder Currysauce mit verschiedenen Früchten oder verschiedene Salate.

123

Kartoffel-Auflauf

10 mittlere	Kartoffeln mehligkochend, als Gschwellti gekocht
2 dl	Vollrahm oder Soja-Rahm
1 KL	Johannisbrotkernmehl oder Guarkernmehl oder
1 EL	Maisstärke
1	Zwiebel oder Schalotte in Ringe geschnitten
1–2	Tomaten in Scheiben geschnitten
	Salz, Pfeffer, Muskatnuss
	Schnittlauch, Peterli frisch gehackt
wenig	Ossay-Iraty-Schafskäse oder Hirseflocken mit Butterflocken

· Die gekochten Kartoffeln schälen, in Scheiben schneiden und in gefettete Gratinform füllen, würzen.
· Das Stärkemehl nach Ihrer Wahl mit dem Rahm verrühren, darübergiessen. Frische Kräuter und Tomatenscheiben nach Belieben darauf verteilen, mit Käse oder Hirseflocken bestreuen und zuletzt die Zwiebel- bzw. Schalottenringe darauflegen.
· In der oberen Hälfte des Backofens bei 200 Grad während circa 30 Minuten gratinieren.

Dazu passt Salat zum Mittagessen.

Kartoffelstock

800 g	Kartoffeln mehligkochend
3 dl	Reis-Drink
50 g	Butter
	Salz, Muskatnuss

· Kartoffeln waschen, rüsten, in grosse Stücke schneiden und knapp überdeckt mit Salzwasser gar kochen. Danach das Kochwasser abgiessen.
· Reis-Drink in einer grossen Pfanne erhitzen, die Kartoffeln hineinpassieren, Butterstücke dazugeben und kräftig durchrühren.
· Zum Verfeinern etwas Muskatnuss dazureiben.

Gschwellti

800 g	Kartoffeln festkochend
2-3 EL	Mandelmayonnaise selbstgemacht, Rezept Seite 149
je 1 KL	Schnittlauch und Peterli frisch geschnitten

· Mandelmayonnaise nach Rezept Seite 149 herstellen, frische Kräuter beigeben.
· Kartoffeln waschen und im Dampfkochtopf je nach Grösse der Kartoffeln 8 bis 12 Minuten dämpfen.

Die Kartoffeln schälen und warm:
· zum Mittagessen mit Mandelmayonnaise und gemischten Salaten, Sprossen, Oliven und/oder Nüssen oder
· zum Abendessen mit gekochtem Gemüse nach Belieben servieren.

Gewürzkartoffeln mit Gemüse

400 g	Kartoffeln festkochend
1 kleine	Zwiebel oder Schalotte in Ringe geschnitten
400 g	Brokkoliröschen
400 g	Karotten in Stäbchen geschnitten
3 EL	Cashewnüsse
je 1 KL	Thymian, Rosmarin, Peterli frisch und feingehackt
1 dl	Wasser
	Schnittlauch grobgeschnitten
	Salz, Kräutersalz, Pfeffer, Muskatnuss
	Öl zum Braten

· Kartoffeln längs halbieren und in 5 Millimeter dicke Scheiben schneiden. Eine weite, beschichtete Bratpfanne oder Wok heiss werden lassen.
· Cashews rösten, herausnehmen, salzen und beiseitestellen.
· Etwas Öl in die heisse Pfanne geben, dann die Zwiebelringe und das vorbereitete Gemüse bei mittlerer Hitze etwa 5 Minuten braten. Mit Kräutersalz, Pfeffer und Muskatnuss würzen. Wasser dazugiessen, zugedeckt 10 bis 15 Minuten weichköcheln.
· Vor dem Servieren die frischen Kräuter und die Cashews daruntermischen.

Chicorée-Gratin

8	Chicorée
	Wasser
	Salz
einige Tr	Zitronensaft frisch gepresst
5 dl	Tomatensauce rassig gewürzt
100 g	Ossau-Iraty-Schafskäse oder feine Hirseflocken mit Butterflocken

· Chicorée rüsten, waschen und mit der Spitze des Schälmessers den Strunk entfernen. Die ganzen Chicorée im Salzwasser mit ein paar Zitronensafttropfen weichkochen, abtropfen lassen und in eine gefettete Gratinform nebeneinanderlegen.
· Tomatensauce darübergiessen, Käse bzw. Hirseflocken mit Butter darauf verteilen und in der oberen Hälfte des Backofens während circa 20 Minuten bei 220 Grad gratinieren.

Dazu passen Salzkartoffeln oder Reis.

Räbenstock

800 g	Bodenkohlraben (gelbe Räben) gerüstet
2 dl	Reis-Drink
50 g	Butter
½ – 1 KL	Kümmel ganz, im Mörser zerstossen
4 EL	Peterli geschnitten
wenig	Salz

· Bodenkohlraben waschen, rüsten, in kleine Würfel schneiden und knapp überdeckt mit Salzwasser circa 15 bis 20 Minuten gar kochen. Danach das Kochwasser abgiessen.
· Reis-Drink in einer Pfanne erhitzen. Die gekochten Räben, Kümmel, Peterli dazugeben und mit einem Stabmixer pürieren.
· Butter ebenfalls beigeben und kräftig durchrühren.
· Eventuell nachwürzen.

Passt zu Gemüseteller, Zwiebelsauce, ersetzt Kartoffelstock zu Saucen-Gerichten.

Frisches Gemüse ist die Grundlage für gesunde Ernährung.

Hörnli-Auflauf

400 g	Mais-Hörnli
	Wasser
	Salz
3	mittelgrosse gekochte Kartoffeln
1 Portion	gekochte grüne lange Bohnen
½	Peperoni rot, roh in Streifen geschnitten
	Kräutersalz
1	Tomate in Scheiben geschnitten
1,5 dl	Vollrahm oder Soja-Rahm
	Ossau-Iraty-Schafskäse oder Hirseflocken mit Butterflocken
	Kräuter nach Belieben

- Mais-Teigwaren gemäss Anleitung des Herstellers kochen.
- Die Hälfte der gekochten Hörnli in eine eingefettete Gratinform geben.
- Die gekochten Kartoffeln schälen und in Scheiben schneiden, Peperoni und Bohnen darauf verteilen. Mit Kräutersalz würzen. Die restlichen Hörnli dazugeben, mit Tomatenscheiben belegen und zuletzt Käse oder Hirseflocken mit Butter darüberstreuen und Rahm darübergiessen.
- Im vorgeheizten Backofen in der oberen Ofenhälfte während circa 20 Minuten bei 220 Grad gratinieren.

Dazu passt grüner Salat.

Mais-Pasta mit Rucola

BILD SEITEN 82/83

500 g	Maisteigwaren
	Wasser
	Salz
1 EL	Öl
300 g	Champignons oder Steinpilze in Scheiben oder Viertel geschnitten
1	Zwiebel oder Schalotte
1	Knoblauchzehe gepresst
100 g	Seidentofu
1 EL	Soja-Rahm oder Vollrahm
100 g	Rucola
	Salz, Pfeffer, Muskatnuss, Paprika

- Teigwaren mit viel Salzwasser al dente kochen, abtropfen, 2 dl Kochflüssigkeit beiseitestellen. Teigwaren warmstellen.
- Öl in einer beschichteten Bratpfanne heiss werden lassen. Pilze bei mittlerer Hitze mit den feingeschnittenen Zwiebeln und dem Knoblauch kurz dünsten. Mit der beiseitegestellten Kochflüssigkeit ablöschen und Seidentofu darunterrühren, aufkochen, Hitze reduzieren, würzen und circa 5 Minuten köcheln lassen.
- Die gekochten Teigwaren daruntermischen und unmittelbar vor dem Servieren den Rucola dazugeben.

Quinoa-Tomaten

8	Tomaten
200 g	Quinoa
1	rote Zwiebel oder Schalotte feingehackt
1	Kohlrabi feingewürfelt
1	Knoblauchzehe gepresst
50 g	Pinienkerne geröstet
1 EL	Petersilie feingeschnitten
1 EL	Oregano feingeschnitten
	Salz, Pfeffer, Paprika scharf
5 dl	Gemüsebouillon hefefrei
3 EL	Sauerrahm oder Soja-Sauerrahm
100 g	Ossau-Iraty-Schafskäse zum Überbacken

- Quinoa in einem Sieb unter fliessendem Wasser abspülen, abtropfen lassen.
- Das obere Drittel der Tomaten abschneiden. Kerne und Fruchtansatz aus den Deckeln entfernen, die Deckel fein würfeln und beiseitestellen. Die Tomaten aushöhlen, Saft und Fruchtfleisch beiseitestellen, die ausgehöhlten Tomaten mit der Schnittfläche nach unten abtropfen lassen und dann in eine ausgebutterte Gratinform stellen.
- Pinienkerne in einer beschichteten Bratpfanne ohne Fettzugabe rösten.
- Für die Füllung wenig Öl in einer grossen Pfanne erhitzen, Zwiebel bzw. Schalotte unter Rühren dünsten, bis sie weich sind. Quinoa, Kohlrabi, Knoblauch dazugeben, kurz mitdünsten und mit 5 dl Gemüsebouillon ablöschen. Zugedeckt 25 Minuten leicht kochen lassen und danach 5 bis 10 Minuten quellen lassen.
- Die Quinoa-Füllung würzen, Kräuter, Pinienkerne und Sauerrahm beimischen.
- Die Masse in die Tomaten füllen, Tomatenwürfeli obendrauf verteilen und mit Schafskäse belegen. Den beiseitegestellten Tomateninhalt zerkleinern, um die gefüllten Tomaten verteilen und im oberen Drittel des vorgeheizten Backofens bei 220 Grad etwa 15 bis 20 Minuten gratinieren.

Dazu passt verschiedenes Gemüse.
Schmeckt auch ungratiniert fein: Die Quinoa-Füllung bei Zimmertemperatur abkühlen lassen, die rohen ausgehöhlten Tomaten mit der Masse füllen und mit verschiedenen Blattsalaten servieren.

Teff-Chratzete

150 g	Vollreismehl
50 g	Maismehl
30 g	Buchweizenmehl
70 g	Teff-Flocken
2 KL	Guarkernmehl
1 Prise	Salz
30 g	Vollrohrzucker
1 KL	Vanillezucker
1	Bio-Zitrone, Schale abgerieben
30 g	flüssige Butter oder Pflanzenöl
5 dl	Reis-Drink
evtl. 2 EL	Rosinen in Wasser eingelegt, nach Belieben
3 EL	Mandeln gehobelt oder Baumnusskerne geröstet als Garnitur
evtl. wenig	Puderzucker

· Mandeln oder Baumnusskerne ohne Fettzugabe in einer Pfanne kurz rösten, beiseitestellen.
· Alle Mehle, Teff-Flocken, Salz, Zucker und Vanillezucker in einer Schüssel gut miteinander mischen.
· Abgeriebene Zitronenschale und Butter beigeben.
· Nach und nach den Reis-Drink dazugeben und mit einer Lochkelle kräftig zu einem dickflüssigen Teig verrühren.
· In einer beschichteten Bratpfanne wenig Öl erhitzen, Teig hineingeben, mit einem nassen Löffel glattstreichen.
· Hitze reduzieren.
· Teig auf kleiner Stufe ausbacken, sorgfältig mit zwei Bratschaufeln wenden, fertig backen.
· Mit den Bratschaufeln den Teig in Stücke zerreissen, die gut abgetropften Rosinen beigeben.
· Etwas Öl in die Pfanne geben und die Stücke kurz braten.
· Zum Servieren die Teff-Chratzete mit Puderzucker bestäuben und die Mandeln oder Baumnusskerne darüberstreuen.

Dazu passt je nach Saison frisches Apfelmus, Rhabarber-, Beeren- oder Zwetschgenkompott.

GERICHTE
MIT FLEISCH

Chicken-Nuggets.
(Rezept Seite 135)

Beef-Burger

350 g	Bio-Rindfleisch gehackt
100 g	Hirseflocken fein
1 ½ dl	Hirse-Drink
0,25 dl	Vollrahm
1 ½ KL	Johannisbrotkernmehl
1	Zwiebel oder Schalotte feingehackt
1	Knoblauchzehe gepresst
	Schnittlauch feingeschnitten
	Peterli feingeschnitten
	Kräutersalz, Pfeffer, Paprika
	Öl zum Braten

· Hirseflocken mit Hirse-Drink und Rahm mischen, mindestens
15 Minuten quellen lassen.
· Rindfleisch mit Kräutersalz, Pfeffer und Paprika würzen.
· Johannisbrotkernmehl mit dem gequellten Hirsebrei gut mischen
und dem Fleisch beifügen.
· Zwiebel, Knoblauch, Schnittlauch und Peterli ebenfalls beimengen.
Alles gut mischen und kleine Kugeln formen, im Reismehl wenden,
Burger formen und beidseits langsam anbraten.

Chicken-Nuggets

BILD SEITE 132

400 g	Pouletbrust (1 Pouletbrust = 8-10 Nuggets)
2 EL	Hirsemehl
2 KL	Johannisbrotkernmehl
1,2 dl	Wasser
150 g	Hirsegriess oder Maisgriess fein als Panade
	Salz, Pfeffer, Paprika, Curry
	Öl zum Braten

· Pouletbrust längs halbieren und quer in 3 Zentimeter dicke Stücke schneiden. Die Pouletstücke würzen und im Hirsemehl wenden, überschüssiges Mehl abschütteln.
· Johannisbrotkernmehl mit Wasser anrühren, Pouletstücke darin wenden. Hirsegriess bzw. Maisgriess mit Salz und wenig Curry würzen. Pouletbrust in dieser Panade wenden und Panade gut andrücken.
· Öl in einer beschichteten Bratpfanne heiss werden lassen, Hitze reduzieren, und die Nuggets portionenweise beidseits braten.

Dazu passt selbstgemachter Ketchup (Rezept Seite 149) und bunte Gemüsebeilage oder Salat.

Wok

NACH SCHWEIZER ART

½	Wirz
8	mittlere Karotten
1	grosse Zwiebel oder Schalotte
1 Stk	Lauch
1	rote Peperoni
1	gelbe Peperoni
¼	Peperoncini rot ohne Kerne
1	mittlere Zucchetti
1	Kohlrabi
2 EL	Erdnüsse oder Cashewnüsse geröstet
2–3	Lattichblätter roh, nicht dämpfen
300 g	Pouletstreifen oder Pouletwürfel
250 g	Reis- oder Glasnudeln

Marinade:

1 KL	Sesamöl oder Olivenöl
2 EL	Wasser
2 Msp	Guarkernmehl oder Johannisbrotkernmehl
1	Knoblauchzehe gepresst
1 KL	Ingwerpulver oder Ingwer frisch geraffelt
	Salz, Pfeffer, Cayennepfeffer

· Gemüse rüsten, waschen und in feine Streifen schneiden.
· Reis- oder Glasnudeln gemäss Anleitung des Herstellers zubereiten und abtropfen lassen.
· Im Wok oder in einer breiten Pfanne wenig Öl erhitzen.
· Pouletfleisch anbraten, aus dem Wok nehmen und würzen.
· Gerüstete Gemüse im Wok unter ständigem Rühren braten. Die mit dem Schneebesen gut verrührte Marinade dazugeben, das Gemüse wenden.
· Hitze reduzieren, Fleisch in die Pfanne geben, zugedeckt 10 bis 15 Minuten dämpfen.
· Nudeln dazumischen und circa 5 Minuten mitdämpfen, eventuell nachwürzen.
· Zum Schluss die in feine Streifen geschnittenen Lattichblätter und Nüsse beigeben, alles mischen und servieren.

Geflügel-Cordon-bleu

4	Pouletbrust (vom Metzger einschneiden lassen)
8 Tranchen	gekochte Trutenbrust feingeschnitten
100 g	Ossau-Iraty-Schafskäse in Scheiben geschnitten
2 EL	Hirsemehl
2 KL	Johannisbrotkernmehl
150 g	Maisgriess fein als Panade
1,2 dl	Wasser
	Kräutersalz, Pfeffer, Paprika, Curry
evtl.	Rosmarinpulver

· Pouletbrust längs tief einschneiden, so dass eine Tasche entsteht. Mit Trutenbrust und Schafskäse füllen, die Öffnung mit Zahnstocher schliessen und mit Kräutersalz, Pfeffer, Paprika würzen.
· Im Hirsemehl wenden, überschüssiges Mehl abschütteln.
· Johannisbrotkernmehl mit Wasser anrühren und die Cordons bleus darin wenden.
· Maisgriess mit wenig Curry und Rosmarinpulver würzen. Zum Schluss Cordons bleus in dieser Panade wenden, Panade gut andrücken und in einer Bratpfanne mit wenig Öl beidseits braten.

Dazu passt bunte Gemüsebeilage oder Salat.

Tofu im Wok.
(Rezept Seite 140)

Tofu im Wok

BILD SEITE 138

300 g	Tofu natur
3 EL	Cashewnüsse oder Erdnüsse oder Sesamsamen
250 g	Reisnudeln oder festkochende Kartoffeln in Stengeli geschnitten
400 g	Brokkoli in kleine Röschen geteilt
3 Blätter	Lattich oder Wirz in Streifen geschnitten oder Grünkohl kleingeschnitten
1-2	Zwiebeln oder Schalotten in Ringe geschnitten
¼	Lauch in feine lange Streifen geschnitten
3 mittlere	Karotten in feine Streifen geschnitten
3-4 Spritzer	Tamari-Sojasauce
1-2 EL	Kokosmilch oder Mandel-Drink
½ dl	Wasser
etwas	Ingwer, frisch gerieben, oder Ingwerpulver
	Kräutersalz
	Sesamöl zum Anbraten

Marinade:

2 KL	Tamari-Sojasauce
	Salz, Pfeffer, Muskatnuss, Rosmarin, Curry, Paprika
1	Knoblauchzehe frisch gepresst
evtl. wenig	Senf selbstgemacht

· Marinade für den Tofu herstellen: Tamari-Sojasauce, wenig Salz, Pfeffer, Muskatnuss, Rosmarinpulver, Curry, Paprika, frisch gepresste Knoblauchzehe und eventuell wenig selbstgemachten Senf mit dem Schneebesen gut verrühren.
· Tofu in kleine Würfel schneiden, in die Marinade einlegen, zugedeckt mindestens 2 Stunden im Kühlschrank aufbewahren.
· Reisnudeln gemäss Rezept des Herstellers zubereiten und beiseitestellen.
· Wok heiss werden lassen. Cashewnüsse ohne Öl rösten, herausnehmen und beiseitestellen.
· Wenig Öl in den Wok geben, die marinierten Tofuwürfel goldbraun anbraten, herausnehmen, ebenfalls beiseitestellen.
· Gemüse inklusive rohe Kartoffelstengeli (wenn Kartoffeln anstelle der Reisnudeln verwendet werden) 5 Minuten unter ständigem Rühren braten, mit Kräutersalz, Pfeffer, Ingwer und Tamari-Sauce würzen. Kokosmilch, Wasser dazugeben, Hitze reduzieren, zugedeckt circa 15 Minuten knapp weichkochen.
· Tofu und eventuell Reisnudeln daruntermischen und nur noch warm werden lassen. Kurz vor dem Servieren die gerösteten Cashewnüsse dazugeben.

Asiatischer Reis mit Tofu

200 g	Thailändischer Parfümreis oder Basmatireis
3 dl	Wasser
2	Bundzwiebeln mit dem Grün in 3 mm breite Ringe geschnitten
1 grosse	Karotte in 3 mm dicke Scheiben gehobelt
6	Lattichblätter in 5 mm breite Streifen geschnitten
3 EL	Sojasprossen
4 EL	Kokosraspel
100–150 g	Tofu natur in kleine Würfel geschnitten
1 EL	Tamari-Sojasauce
¼	Peperoncini in feine Streifen geschnitten
evtl. 1 EL	Pinienkerne geröstet
	Salz, Pfeffer
	Sesamöl zum Braten

Marinade:

2 KL	Tamari-Sojasauce
wenig	Salz, Pfeffer, Paprika
evtl. 1	Knoblauchzehe frisch gepresst

- Tofuwürfel mit Sojasauce, etwas Salz, Pfeffer, Paprika und nach Belieben mit einer frisch gepressten Knoblauchzehe würzen. Den Tofu ein bis zwei Stunden in der Marinade liegen lassen.
- Den Reis im Sieb unter fliessendem kaltem Wasser spülen. Wasser mit dem Reis aufkochen, Pfanne zugedeckt auf der ausgeschalteten Platte circa 15 bis 20 Minuten quellen lassen, dabei den Deckel nicht abheben. Den Reis mit einer Gabel lockern.
- Pinienkerne ohne Öl im Wok rösten, herausnehmen, beiseitestellen.
- Öl im Wok oder in einer weiten, beschichteten Bratpfanne heiss werden lassen.
- Tofu, Kokosraspeln, Bundzwiebelringe, Lattichstreifen und Karottenscheiben circa 5 Minuten unter ständigem Rühren braten. Hitze reduzieren, Sojasprossen, Peperoncinistreifen und Reis beigeben, weiter kurz rühren und braten. Mit restlicher Marinade, Salz und Pfeffer würzen.
- Auf vorgewärmten Tellern anrichten und geröstete Pinienkerne darüberstreuen.

Dazu passen saftige Früchte wie Ananas, Melonen, Orangen.

Spaghetti Soja-Bolognese

1	Zwiebel oder Schalotte feingehackt
1	Knoblauchzehe gepresst
1–2 EL	Buchweizenmehl
5 dl	Passata oder 5 frisch passierte Tomaten
evtl. 1 EL	Tomatenmark
3–4 EL	Soja-Gehacktes
	Salz, Pfeffer
je 1 KL	Rosmarin, Thymian, Majoran oder Oregano, Basilikum
1 EL	Olivenöl zum Dünsten
1 Packung	Reis- oder Mais-Spaghetti

- Olivenöl in einer Pfanne erwärmen, Zwiebeln oder Schalotten kurz im Öl wenden, Mehl beigeben und kurz dünsten.
- Passata bzw. passierte Tomaten und Knoblauch beigeben, unter ständigem Rühren aufkochen.
- Soja-Gehacktes dazumischen.
- Hitze reduzieren und 20 bis 30 Minuten leicht kochen lassen.
- Würzen und die frisch gehackten Kräuter beigeben.
- Soja-Gehacktes bekommt eine Konsistenz, die wie Hackfleisch aussieht.
- Spaghetti gemäss Anleitung des Herstellers al dente kochen.

Passt zu Salat.

Tofu-Spiesse

1 Packung	Tofu natur
1	Peperoni rot in Würfel geschnitten
1	Peperoni gelb in Würfel geschnitten
1	Zucchetti in feine Scheiben geschnitten
2	Zwiebeln
200 g	Ananas oder Pfirsich gewürfelt oder Cherrytomaten
3 EL	Maisgriess

Marinade:

2 EL	Tamari-Sojasauce
1	Knoblauchzehe gepresst
wenig	Ingwer frisch gerieben
	Salz, Pfeffer, Paprika, Cayennepfeffer
einige Tr	Sesamöl

· Tofu in 2 Zentimeter grosse Würfel schneiden, in der scharfen Marinade 2 Stunden einlegen.
· Zwiebeln und Peperoniwürfel in wenig Wasser 3 bis 5 Minuten blanchieren.
· Die marinierten Tofuwürfel im Maisgriess wenden.
· Zwiebeln vorsichtig vierteln, diese und die Gemüse- und Früchtewürfel abwechselnd mit dem Tofu auf Spiesse stecken. Mit der restlichen Marinade bestreichen.
· In der Bratpfanne wenig Öl erhitzen und die Spiesse rundum anbraten oder auf den heissen Grill legen.

Mayonnaise.
(Rezept Seite 148)

Senf-Dill-Sauce.
(Rezept Seite 148)

145

Grundsauce für Salate

nach Belieben	Salz, Pfeffer, Schnittlauch
1 EL	Zitronensaft oder Grapefruitsaft oder Orangensaft, alle frisch gepresst oder 2 EL Kanne-Brottrunk für eine mildere Sauce
3 EL	Öl
evtl.	Nüsse oder Samen

· Zuerst die Gewürze und den Saft bzw. den Brottrunk mit dem Schneebesen verrühren, dann das Öl dazugeben, verrühren.
· Erst kurz vor dem Servieren frische Kräuter und geschnittene Zwiebeln je nach Salatsorte und Verträglichkeit beigeben.

Die Grundsauce ist für sämtliche Blattsalate, Gurken, Peperoni, Tomaten, Zucchetti und gekochte Salate wie Sellerie, Randen, Blumenkohl, Fenchel, Bohnen geeignet.
Den Salat, je nach Verträglichkeit, mit Sprossen, Sonnenblumen-kernen, Kürbiskernen, Baumnüssen oder Sesamsamen anreichern.
Nüsse oder Samen in einer beschichteten Pfanne ohne Öl rösten, sie werden aromatischer und knuspriger.

Salatsauce verfeinert

nach Belieben	Salz, Pfeffer, Schnittlauch
1 EL	Zitronensaft oder Grapefruitsaft frisch gepresst
3 EL	Vollrahm oder Vollsauerrahm oder Schafjoghurt natur oder Soja-Drink
evtl. 1 KL	Senf selbstgemacht (Rezept Seite 150)
1–2 KL	Mayonnaise selbstgemacht (Rezept Seite 148) oder
wenig	weisses Mandelmus oder Tahin-Sesammus

· Zuerst die Gewürze, Senf, Mayonnaise und den Saft mit dem Schneebesen verrühren, dann den Vollrahm dazugeben, verrühren.
· Kurz vor dem Servieren frische Kräuter und geschnittene Zwie-beln je nach Salatsorte und Verträglichkeit beigeben.

Geeignet für Wurzelsalate wie Karotten, Sellerie, Rettich, Kohlrabi, gekochte Kartoffeln und auch Blattsalate.

Salatsauce mit Zitronengras

MILDE SALATSAUCE OHNE ESSIG UND ZITRUSFRÜCHTE

3 EL	Olivenöl
½ Stengel	Zitronengras
wenig	Salz
wenig	Pfeffer aus der Mühle

· Das untere Ende des Zitronengrases dünn abschneiden und die harten Aussenblätter entfernen.
· Das weiche, weisse Innere sehr fein schneiden oder im Mörser zerstossen, ins Olivenöl geben.
· Würzen, gut verrühren und circa 10 Minuten vor dem Anrichten des Salates stehenlassen.
· Salat anrichten, besonders schmackhaft mit frischen Früchten und Samen oder Nüsse.

Hinweis: Die Zitronengrasstengel sollten beim Kauf keinesfalls trocken sein und möglichst keine braunen Stellen aufweisen. Das Gewürz ist nicht lange haltbar, es sollte nur kurze Zeit im Kühlschrank aufbewahrt werden. Frisch gekauft kann man es im Gefrierbeutel im Tiefkühlfach lagern.

Salatsauce mit Sumak

MILDE SALATSAUCE OHNE ESSIG UND ZITRUSFRÜCHTE

3 EL	Olivenöl
½ – 1 KL	Sumak (Gewürzsumach)
wenig	Salz
wenig	Pfeffer aus der Mühle

· Alle Zutaten miteinander mit dem Schneebesen verrühren.
· Der Sauce je nach Belieben und Verträglichkeit frischen Schnittlauch, Petersilie und feingeschnittene Zwiebeln beifügen.
· Salat anrichten.

Hinweis: Verwenden Sie Sumak rein, das heisst ohne Farbstoffe und Salzbeigabe.

Senf-Dill-Sauce

BILD SEITE 144

1/2	Apfel geschält, feingerieben
1 KL	Zwiebel oder Schalotte feingehackt
5 EL	scharfer Senf
5 EL	Sauerrahm oder Soja-Sauerrahm
1 Prise	Salz
1 Prise	Vollrohrzucker
2 KL	Dillspitzen frisch feingehackt

· Alle Zutaten mischen.

Zu geräuchtem oder warmem Lachs servieren.

Mayonnaise Grundrezept

BILD SEITE 144

3 EL	Zitronensaft frisch gepresst
4 EL	Soja-Drink oder Reis-Drink
1 KL	Agavendicksaft
1 KL	Vollrohrzucker
1 ½ KL	Johannisbrotkernmehl
1 Msp	Kurkumapulver
¼ KL	Senf selbstgemacht
3 Prisen	Salz
1 Prise	Paprika edelsüss
4 EL	Pflanzenöl
1 KL	Soja-Rahm

· Alle Zutaten bis auf das Öl in ein Gefäss geben und mit dem Mixer auf niedrigster Stufe mischen.
· Dann tropfenweise das Öl zufügen, weitermixen, bis eine dicke, geschmeidige Masse entsteht.
· In ein Glas mit Deckel füllen und im Kühlschrank aufbewahren.

Variante: Dip
· Mayonnaise und Ketchup 1:1 mischen, und je nach Verwendung und Belieben frisch feingehackte Kräuter und etwas gepressten Knoblauch beigeben, eventuell nachwürzen.

Ketchup

100 g	Tomatenmark
2 EL	Agavendicksaft
2 KL	Sauerrahm stichfest oder Soja-Sauerrahm
	Kräutersalz, Pfeffer
1 KL	Zitronensaft frisch gepresst
1 KL	Zwiebelsaft

· Zur Herstellung des Zwiebelsafts eine halbe kleine Zwiebel in der Knoblauchpresse auspressen. Alle Zutaten mischen.

Mandelmayonnaise

1 EL	Mandelpüree
1 EL	Wasser
1 Prise	Salz
etwas	Senf selbstgemacht
1 KL	Zitronensaft frisch gepresst
3 EL	Maiskeimöl oder Distelöl
½ KL	Johannisbrotkernmehl

· Alle Zutaten bis auf das Öl in ein Gefäss geben und mit dem Mixer auf niedrigster Stufe mischen.
· Dann tropfenweise das Öl zufügen, weitermixen, bis eine dicke, geschmeidige Masse entsteht.
· In ein Glas mit Deckel füllen und im Kühlschrank aufbewahren.

Hinweis: Kein Oliven- oder Sonnenblumenöl verwenden, da die Mayonnaise dann bitter wird.

Zu Fisch: frischen, feingehackten Dill zufügen.
Zu Kartoffeln: frischen, feingehackten Peterli und Schnittlauch zufügen.

Senf

HEFEFREI UND SCHARF

50 g	Senfkörner gemahlen
1	Zwiebel oder Schalotte gehackt
¼	Knoblauchzehe gepresst
1 EL	Zitronensaft frisch gepresst
1 dl	Wasser
2 KL	Agavendicksaft
½ KL	Salz
wenig	Pfeffer
1 KL	Estragon frisch
1 Msp	Kurkumapulver

· Alle Zutaten mischen und mit dem Mixer pürieren.
· Dann die Masse unter ständigem Rühren kochen, bis sie fest wird.
· Den Senf sofort in heiss ausgespülte Gläser mit Deckel abfüllen und verschliessen.
· Abkühlen lassen und im Kühlschrank aufbewahren. Vor dem ersten Gebrauch 1 bis 2 Tage im Kühlschrank stehenlassen.

Hinweis: Da dieser Senf keine Konservierungsstoffe enthält, muss er innerhalb von wenigen Wochen konsumiert werden.

Avocado-Aufstrich

1	reife Avocado
1 KL	Zitronensaft frisch gepresst
1	Tomate ohne Haut, mit Kernen, feingewürfelt
½	Knoblauchzehe gepresst
	Salz, Pfeffer, Cayennepfeffer, Paprika

Variante 1:
50 g	Reisflocken einweichen in
1 dl	Reis-Drink natur

Variante 2:
100 g	Seidentofu

· Tomaten enthäuten, indem man sie kurz in siedendes Wasser hält und dann schält.
· Avocado halbieren, Kern entfernen und das Fruchtfleisch mit einem Löffel herausnehmen. Alle Zutaten der Variante 1 oder 2 kurz mit dem Stabmixer mixen.

Tomaten-Aufstrich

½	kleine Zwiebel oder Schalotte feingehackt
¼	Knoblauchzehe gepresst
1	Tomate ohne Haut oder 3 EL Passata
1 KL	Tomatenmark
3 EL	weisses Mandelmus
1 KL	Reissirup oder Agavendicksaft
2 EL	Leinöl kalt gepresst
1 KL	Johannisbrotkernmehl
	Salz, Pfeffer
5	frische Basilikumblätter feingeschnitten

Zwiebel, Knoblauch und Tomate kurz dünsten, abkühlen lassen.
Mit restlichen Zutaten pürieren, würzen.

Aufstrich in ein Glas abfüllen, mit Deckel verschlossen, kühl aufbewahren.
Zum sofortigen Verzehr bestimmt. Leinöl sollte nicht erhitzt werden.

Gurken-Aufstrich

½	kleine Zwiebel oder Schalotte feingehackt
½	kleine Freiland-Gurke ohne Kerne, in Würfel geschnitten
2 KL	Dill geschnitten
1	kleine Kartoffel in kleine Würfel geschnitten
2 EL	Leinöl kalt gepresst
1 KL	Johannisbrotkernmehl
2 EL	Sauerrahm oder Soja-Sauerrahm oder Seidentofu
	Salz, Pfeffer

Zwiebel dünsten, Kartoffel beigeben und mit wenig Wasser gar
kochen. Gurken kurz mitkochen, Wasser abgiessen, auskühlen
lassen. Mit restlichen Zutaten pürieren, würzen.

Aufstrich in ein Glas abfüllen, mit Deckel verschlossen, kühl aufbewahren.
Zum sofortigen Verzehr bestimmt. Leinöl sollte nicht erhitzt werden.

Karotten-Aufstrich

½	kleine Zwiebel oder Schalotte feingehackt
3	mittlere Karotten in kleine Würfel geschnitten
1	kleine Kartoffel in kleine Würfel geschnitten
1 EL	Tahin-Sesammus oder Mandelmus
1 Msp	Vanillezucker
2 EL	Leinöl kalt gepresst
1 KL	Reissirup oder Agavendicksaft
	Salz, Pfeffer
evtl. 1 EL	Vollrahm oder Soja-Rahm zum Verfeinern

Zwiebel kurz dünsten und mit Karotten und Kartoffeln mit wenig Wasser gar kochen, Wasser abgiessen, auskühlen lassen. Mit restlichen Zutaten pürieren, würzen.

Aufstrich in ein Glas abfüllen, mit Deckel verschlossen, kühl aufbewahren.
Zum sofortigen Verzehr bestimmt. Leinöl sollte nicht erhitzt werden.

Marroni-Sauce warm

200 g	Marroni geschält, gekocht
1	Zwiebel oder Schalotte gehackt
3 EL	Kastanienmehl
evtl. 1 KL	Johannisbrotkernmehl
½ KL	Vollrohrzucker
3 dl	Wasser
2–3 EL	Sauerrahm oder Soja-Sauerrahm
	Salz, Pfeffer
	Öl zum Dünsten

· Zwiebeln in wenig Öl oder Fett dünsten, Marroni und Kastanienmehl beigeben, wenden.
· Wasser dazugiessen, rühren und 5 Minuten leicht köcheln lassen, pürieren. Je nach gewünschter Konsistenz kann die Sauce mit Johannisbrotkernmehl (mit Wasser aufgerührt) eingedickt werden.
· Die Sauce würzen, den Zucker und Rahm beigeben, servieren.

Es passt zu Dinkelnudeln (ohne Eier) oder Vollreis mit Blaukraut und Rosenkohl.

Waffel-Bruschetta

4	Kartoffel- oder Reiswaffeln
8	Tomaten enthäutet
1	Zwiebel oder Schalotte feingehackt
1-2	Knoblauchzehen gepresst
200-300 g	Oliven ohne Stein, in Viertel geschnitten
3 EL	Olivenöl
	Salz, Pfeffer
1-2 EL	Basilikum feingeschnitten
evtl. 100 g	Fetakäse in Würfeln

· 1 Liter Wasser in einer kleinen Pfanne zum Kochen bringen. Tomaten oben und unten kreuzweise einritzen, kochendes Wasser von der Kochstelle nehmen, Tomaten 1 bis 2 Minuten vollständig vom Wasser bedeckt einlegen, Wasser abgiessen und die sich aufrollende Haut mit dem Messer abziehen. Stielansatz und Samen entfernen, Fruchtfleisch würfeln.
· Restliche Zutaten beigeben, würzen und alles mischen.
· Waffeln auf ein mit Backtrennpapier belegtes Backblech legen, in der Mitte des vorgeheizten Backofens bei 200 Grad 5 Minuten aufbacken, danach mit Bruschetta-Mischung belegen und sofort servieren.

Wird der Bruschetta-Mischung Käse beigefügt, die Waffeln weitere 5 bis 10 Minuten backen.
Schmeckt warm am besten.

Dazu passt Salat.

Meerrettich-Sauce

3 EL	Meerrettich, frisch geraffelt
1 KL	Johannisbrotkernmehl
2-3 EL	Sauerrahm oder Seidentofu
1 Prise	Vollrohrzucker
2-3 Tropfen	Zitronensaft, frisch gepresst
	Salz, Pfeffer

Alle Zutaten in einer Schüssel mit dem Schneebesen gut verrühren.

Olivenpaste

3 Stk	getrocknete Tomaten, in kleine Stücke geschnitten
8	grüne Oliven ohne Stein, in Öl eingelegt
15	schwarze Oliven ohne Stein, in Öl eingelegt
¼ – ½	Knoblauchzehe
2 KL	Oregano
2 ½ EL	Olivenöl
	Salz, Pfeffer

Alle Zutaten in einen kleinen Krug oder Mixbecher geben und mit dem Stabmixer pürieren.

Die Olivenpaste eignet sich als Waffel-Aufstrich oder als Beilage zu Apérogebäck, Cracker.

Currysauce

30 g	Butter oder Pflanzenöl
1	kleine Zwiebel oder Schalotte feingehackt
1–2 EL	Curry
2 EL	Maniokmehl
3,5 dl	Wasser oder Gemüsebouillon
1 Prise	Zucker
	Pfeffer aus der Mühle
wenig	Salz
1 EL	Kokosraspel
2 EL	Pinienkernen
0,5 dl	Vollrahm oder Soja-Rahm

· In einer Pfanne Butter schmelzen oder Pflanzenöl erwärmen. Zwiebeln beigeben und auf kleiner Stufe dünsten.
· Curry und Maniokmehl beigeben, mit dem Schneebesen verrühren, nur kurz mitdünsten.
· Mit Wasser ablöschen, unter ständigem Rühren aufkochen. Hitze reduzieren.
· Würzen und auf kleiner Stufe 30 Minuten leicht köcheln lassen.
· Kurz vor dem Servieren Kokosraspeln, Pinienkerne und Rahm beigeben.

Dazu passen gedämpfte Champignons; gekochte Kichererbsen; Pouletfleisch als Beilage zu Vollreis; Kartoffeln oder Curry-Knöpfli mit verschiedenen frischen Früchten.

Zwiebelsauce

30 g	Butter oder Pflanzenöl
1	grosse Zwiebel, in Ringe geschnitten
½	Knoblauchzehe gepresst
1 EL	Maismehl
1 EL	Buchweizenmehl
0,5 dl	Rotwein
2-2,5 dl	Wasser oder Gemüsebouillon
wenig	Salz und Pfeffer aus der Mühle
wenig	Paprika scharf
	Schnittlauch, Peterli feingeschnitten
evtl. 1 KL	Tomatenmark

- In einer Pfanne Butter schmelzen oder Pflanzenöl erwärmen. Zwiebeln beigeben und auf kleiner Stufe weich dünsten.
- Knoblauch, Mais- und Buchweizenmehl dazugeben, unter ständigem Rühren kurz mitdünsten.
- Mit Rotwein ablöschen und unter ständigem Rühren mit dem Schneebesen Wasser oder Gemüsebouillon beigeben, kurz aufkochen.
- Hitze reduzieren, würzen.
- Auf kleiner Stufe circa 15 bis 20 Minuten köcheln lassen.
- Schnittlauch, Peterli und, je nach gewünschter Konsistenz, wenig Flüssigkeit dazugeben.

Warme Gemüsesauce

1	Zwiebel oder Schalotte feingehackt
1	Peperoni rot
1	Zucchini
evtl. 1-2	Tomaten
2 EL	Sauerrahm oder Soja-Sauerrahm
evtl. 2 EL	Madeira
	Kräutersalz, Pfeffer, Rosmarin, Oregano
	Öl zum Dünsten

- Alles im Öl dünsten, eventuell mit Madeira ablöschen, mit Kräutersalz und Pfeffer, etwas Rosmarin und wenig Oregano würzen und circa 10 Minuten ziehen lassen.
- Vor dem Servieren mit Sauerrahm verfeinern.

Passt zu Hirseburgern, Rezept Seite 123.

Schalottenbutter

100 g	Butter weich gerührt
3	Schalotten mit Knoblauchpresse gepresst
1 Spritzer	Worcestersauce
	Salz
	Pfeffer

Alles mischen, portionenweise kühlstellen, den Rest einfrieren.

Marinade

1	kleine Schalotte mit Knoblauchpresse gepresst
½	Knoblauchzehe gepresst
1 KL	Senfsamen gemahlen
1 KL	Estragon frisch, Blätter feingeschniten
wenig	Cayennepfeffer
wenig	Pfeffer aus der Mühle
wenig	Salz
2-3 EL	Öl zum Braten

· Alle Zutaten mit dem Schneebesen gut miteinander verrühren.
· Je nach Art des Grillgutes und Belieben weitere Kräuter und Gewürze beifügen. Siehe dazu Kapitel «Gewürze und Kräuter - Verwendungsmöglichkeiten».
· Grillgut auf allen Seiten damit bestreichen, mit Folie abdecken und kühl ruhen lassen.

Grundsätzlich sollten Marinaden nicht überwürzt werden, damit das Aroma des Grillgutes erhalten bleibt.

Kräuterbutter zu Grilladen

100 g	Butter
5 Tropfen	Zitronensaft, frisch gepresst
	Salz, Pfeffer, Cayennepfeffer, Paprika
1 EL	feingehackte Kräuter zu gleichen Teilen: Schnittlauch, Peterli, Basilikum, Thymian, Majoran, Kerbel

· Butter bei Zimmertemperatur weich werden lassen. Alle Zutaten mit dem Schneebesen gut mit der Butter mischen.
· Kräuterbutter in Formen streichen oder auf ein rechteckiges Stück Alufolie geben, eine Rolle formen, mit der Folie verschliessen und im Kühlschrank fest werden lassen.

Zu Fisch passt die Kräuterbutter mit der folgenden Kräutermischung: Schnittlauch, Peterli, Dill und Borretsch.

Hinweis: Damit die Kräuterbutter schön schmilzt und ihr Aroma entfalten kann, sollte man die Butter nicht zu kalt verwenden; etwa 20 Minuten vor dem Servieren aus dem Kühlschrank nehmen.

Paprika-Butter pikant

100 g	Butter
1 KL	Paprika edelsüss
2 KL	Paprika scharf
1 Prise	Cayennepfeffer
1 Prise	Vollrohrzucker
¼	Chilischote oder Peperoncini feingeschnitten
	Salz und Pfeffer

· Butter bei Zimmertemperatur weich werden lassen. Alle Zutaten mit dem Schneebesen gut mit der Butter mischen.
· Paprikabutter in Formen streichen oder auf ein rechteckiges Stück Alufolie geben, eine Rolle formen, mit der Folie verschliessen und im Kühlschrank fest werden lassen.

Passt zu Fisch und Fleisch.

BROT
WAFFELN
PIZZA

Hirse-Brot.
(Rezept Seite 162)

Sesam-Hirsebrot

350 g	Goldhirsemehl
50 g	Kastanienmehl
2 KL	Guarkernmehl
1 KL	Salz
2 KL	Backpulver phosphatfrei
1 KL	Flohsamenmehl oder Flohsamen ganz
1 EL	Fibrex
4 EL	Sesamsamen
50 g	Sesamöl oder Butter flüssig
3 dl	Wasser mit Kohlensäure

(Zutaten für eine Cakeform von 22 cm Länge)

· Den ganzen Flohsamen in beizugebendem Wasser einlegen.
· Die verschiedenen Mehle, Salz, Backpulver, Fibrex und Flohsamen-mehl (wenn kein ganzer Flohsamen verwendet wird) gut miteinan-der mischen.
· Sesamsamen beimischen.
· Sesamsamenöl oder Butter beigeben, nach und nach Wasser (mit den eingeweichten Flohsamen) dazumischen und zu einem Teig rühren.
· Den Teig in eine ausgebutterte oder mit Backtrennpapier ausge-legte Cakeform füllen, die Oberfläche glattstreichen, der Länge nach einschneiden und circa 20 Minuten stehenlassen.
· Vor dem Backen mit Wasser einpinseln und nach Belieben mit Sesamsamen bestreuen.
· Im vorgeheizten Backofen zuerst bei 200 Grad in der Mitte des Backofens 30 Minuten backen, dann die Oberfläche des Brotes nochmals mit Wasser einpinseln und circa 20 Minuten bei 180 Grad fertigbacken. Während der ganzen Backzeit ein feuerfestes Gefäss mit Wasser in den Backofen stellen.
· Aus der Backform nehmen, auf dem Kuchengitter auskühlen lassen.

Johanns Brot

150 g	Goldhirsemehl
50 g	Vollreismehl
50 g	Amaranth-Vollkornmehl
50 g	Kastanienmehl
2 KL	Guarkernmehl
2 KL	Flohsamenmehl
1 EL	Fibrex
1 KL	Salz
2 KL	Backpulver phosphatfrei
50 g	Teff-Flocken oder Hirseflocken
30 g	Paranüsse gehackt
30 g	Pflanzenöl oder flüssige Butter
3,25 dl	Wasser mit Kohlensäure

(Zutaten für eine Cakeform von 22 cm Länge)

· In einer Schüssel alle Mehle mit Fibrex, Salz und Backpulver gut mischen.
· Teff-Flocken und gehackte Paranüsse daruntermischen.
· Pflanzenöl oder flüssige Butter beimengen.
· Wasser dazugeben und zu einem Teig verrühren. Der Teig hat eine Konsistenz wie Kuchenteig.
· Cakeform einfetten und leicht bemehlen mit Goldhirsemehl oder mit Backtrennpapier auslegen.
· Teig in Form füllen, glattstreichen und in der Mitte der Länge nach einschneiden. 15 bis 20 Minuten ruhen lassen, danach mit Wasser bepinseln.
· In der Mitte des vorgeheizten Backofens zuerst bei 200 Grad 30 Minuten backen, dann die Oberfläche des Brotes nochmals mit Wasser einpinseln und circa 20 Minuten bei 180 Grad fertigbacken. Während der ganzen Backzeit ein feuerfestes Gefäss mit Wasser in den Backofen stellen.
· Aus der Backform nehmen und auf dem Kuchengitter auskühlen lassen.

Hirse-Brot

BILD SEITE 94 UND 158

300 g	Vollreismehl
200 g	Braunhirsemehl
50 g	Kastanienmehl
100 g	Hirseflocken
2 KL	Guarkernmehl
1 KL	Salz
2 Päckchen	Backpulver phosphatfrei
1 KL	Flohsamen
2-3 EL	Olivenöl oder Sonnenblumenöl oder 25 g flüssige Butter
4 dl	Hirse-Drink
2 dl	Mineralwasser mit Kohlensäure
evtl. 80-100 g	Leinsamen
evtl. 1 EL	Fibrex Zuckerrübenfaser

(Zutaten für Cakeform von 30 cm Länge)

· Flohsamen im Hirse-Drink einlegen.
· Die verschiedenen Mehle mit Flocken, Salz, Fibrex und Backpulver in einer Schüssel gut mischen. Die Flüssigkeiten nach und nach dem Mehlgemisch beigeben und mit dem Rührgerät gut unterrühren. Eventuell Leinsamen dazugeben.
· Cakeform mit Öl auspinseln oder mit Backtrennpapier belegen, Teig einfüllen, Oberfläche glattstreichen, der Länge nach einschneiden, 20 bis 30 Minuten stehenlassen.
· Brot vor dem Backen mit Wasser einpinseln.
· Im vorgeheizten Backofen zuerst bei 200 Grad in der Mitte des Backofens 30 Minuten backen, dann die Oberfläche des Brotes nochmals mit Wasser einpinseln und circa 35 Minuten bei 180 Grad fertigbacken oder während der ganzen Backzeit ein feuerfestes Gefäss mit Wasser in den Backofen stellen.
· Aus der Backform nehmen und auskühlen lassen.

Hinweis: Brot in Scheiben schneiden und portionenweise tiefkühlen. Die Brotscheiben im Toaster aufbacken.

Mais-Brot

200 g	Maismehl
150 g	Buchweizenmehl
150 g	Vollreismehl
2 KL	Guarkernmehl
1 Päckchen	Backpulver phosphatfrei oder Backhupf
1 KL	Vollrohrzucker
1 KL	Salz
4,5 dl	Mineralwasser mit Kohlensäure
3 EL	Vollrahm oder flüssige Butter oder Pflanzenöl
3 EL	Leinsamen ganz
2 EL	Sonnenblumenkerne
1 KL	Flohsamen
evtl. 1 EL	Fibrex

(Zutaten für Cakeform von 28 bis 30 cm Länge)

- Flohsamen ins abgemessene Wasser geben, quellen lassen.
- Die verschiedenen Mehle, Fibrex, Backpulver, Zucker und Salz gut miteinander mischen. Nach und nach das Wasser mit den Flohsamen und den Rahm beigeben.
- Sonnenblumenkerne und Leinsamen ebenfalls mitmischen.
- Den Teig in eine ausgebutterte oder mit Backtrennpapier belegte Cakeform füllen, die Oberfläche glattstreichen, der Länge nach einschneiden und circa 20 Minuten stehenlassen. Vor dem Backen mit Wasser einpinseln.
- Im vorgeheizten Backofen zuerst bei 200 Grad in der Mitte des Backofens 30 Minuten backen, dann die Oberfläche des Brotes nochmals mit Wasser einpinseln und circa 35 Minuten bei 180 Grad fertigbacken. Während der ganzen Backzeit ein feuerfestes Gefäss mit Wasser in den Backofen stellen.

Aus der Backform nehmen und auskühlen lassen.

Süsses Maisbrot

200 g	Maismehl
100 g	Hirsemehl
50 g	Buchweizenmehl
2 KL	Guarkernmehl
2 KL	Backpulver phosphatfrei
½ KL	Salz
50 g	Vollrohrzucker
100 g	Rosinen
50 g	Pflanzenöl oder flüssige Butter
3,5 dl	Wasser mit Kohlensäure

(Zutaten für eine Cakeform von 25 cm Länge)

· In einer Schüssel alle Mehle mit Salz und Backpulver gut mischen.
· Zucker und Rosinen beifügen.
· Pflanzenöl oder die im Wasserbad verflüssigte Butter beimengen.
· Wasser dazugeben und zu einem Teig verrühren. Der Teig hat eine Konsistenz wie Kuchenteig.
· Cakeform einfetten und leicht bemehlen mit Maismehl oder mit Backtrennpapier auslegen.
· Teig in Form füllen, glattstreichen, in der Mitte der Länge nach einschneiden. 10 bis 15 Minuten ruhen lassen, danach mit Wasser bepinseln.
· In der unteren Hälfte des vorgeheizten Backofens zuerst bei 200 Grad 30 Minuten backen, dann die Oberfläche des Brotes nochmals mit Wasser einpinseln und circa 30 Minuten bei 180 Grad fertigbacken. Während der ganzen Backzeit ein feuerfestes Gefäss mit Wasser in den Backofen stellen.
· Aus der Backform nehmen und auf dem Kuchengitter auskühlen lassen.

Reis-Brot

300 g	Vollreismehl
150 g	Reisflocken
3 KL	Guarkernmehl
40 g	Backpulver phosphatfrei
1 KL	Salz
1 KL	Vollrohrzucker
50 g	Butter flüssig
100 g	Kartoffeln mehligkochend
1 dl	Vollreis-Drink
3 dl	Mineralwasser mit Kohlensäure
1-2 EL	Reisflocken zur Garnitur

(Zutaten für Cakeform von 28 cm Länge)

· Kartoffeln weichkochen, abkühlen lassen, schälen und fein raffeln oder mit einer Gabel zerdrücken.
· Die Mehle mit Flocken, Backpulver, Salz und Zucker in einer Schüssel gut mischen. Die Kartoffeln, Butter und die Flüssigkeiten nach und nach dem Mehlgemisch beigeben und mit dem Rührgerät gut unterrühren.
· Cakeform mit Öl auspinseln oder mit Backtrennpapier belegen, Teig einfüllen, mit nassem Teigschaber glattstreichen, der Länge nach einschneiden, mit Wasser einpinseln und mit Reisflocken bestreuen.
· Im vorgeheizten Backofen bei 220 Grad in der Mitte des Backofens 50 Minuten backen, dann die Oberfläche des Brotes nochmals mit Wasser einpinseln, Hitze reduzieren und bei 180 Grad circa 10 Minuten fertigbacken.

Aus der Backform nehmen und auskühlen lassen.

Hirse-Waffeln

BROTERSATZ

200 g	Goldhirse
200 g	Hirseflocken
200 g	Braunhirsemehl oder Goldhirse gemahlen
1 KL	Salz
2 EL	Öl
evtl. 1 dl	Wasser

· Hirse waschen, mit doppelter Menge Wasser circa 15 Minuten weichköcheln. Danach Flocken, Hirsemehl, Salz und Öl dazugeben und zu einem Brei vermengen. Eventuell etwas Wasser beigeben. Der Teig sollte nicht zu flüssig sein! Zugedeckt einige Stunden oder über Nacht quellen lassen.
· Teig portionenweise im heissen Waffeleisen circa 10 bis 15 Minuten knusprig backen.
· Waffeln auf dem Kuchengitter auskühlen lassen.

Hinweis: Backen Sie Waffeln auf Vorrat. Legen Sie zwischen die einzelnen Waffeln jeweils Backtrennpapier, verschliessen Sie die ganze Beige im Gefrierbeutel und lagern Sie sie im Tiefkühlfach. Bei Bedarf schnell und bequem im Toaster aufbacken.

Buchweizen-Amaranth-Waffeln

BROTERSATZ

250 g	Buchweizenmehl
70 g	Amaranth-Vollkornmehl
2 KL	Guarkernmehl
20 g	Amaranth gepufft
40 g	Buchweizenflocken
1 KL	Salz
1 EL	Pflanzenöl
5 dl	Wasser mit Kohlensäure

(Zutaten für 6 Waffeln)

- Alle Mehle, Salz, gepufften Amaranth und Buchweizenflocken gut miteinander mischen.
- Pflanzenöl je nach Belieben und Verträglichkeit beigeben.
- Wasser beimischen, mit der Kelle zu einem Teig verrühren, bis er bindet. Der Teig darf nicht zu flüssig sein! Einige Minuten ziehen lassen.
- Teig portionenweise im heissen Waffeleisen ausbacken.
- Waffeln einzeln auf dem Kuchengitter abdampfen lassen, nicht aufeinander legen.

Hinweis: Diese Waffeln schmecken am besten frisch. Backen Sie Waffeln auf Vorrat. Legen Sie zwischen die einzelnen Waffeln jeweils Backtrennpapier, verschliessen Sie die ganze Beige im Gefrierbeutel und lagern Sie sie im Tiefkühlfach. Bei Bedarf schnell und bequem im Toaster aufbacken.

Amaranth-Waffeln

BROTERSATZ

200 g	Amaranth
300 g	Goldhirsemehl
100 g	Buchweizenmehl
1 KL	Salz
2 EL	Öl
8–9 dl	Wasser

· Amaranth waschen, mit 5 dl Wasser aufkochen und circa
  20 Minuten zugedeckt leicht köcheln lassen. Beiseitestellen,
  nicht abgiessen, etwas abkühlen lassen und restliche Zutaten
  dazugeben. Zusätzlich 3 bis 4 dl Wasser beimengen und zu
  einem Teig verrühren.
· Teig portionenweise im heissen Waffeleisen circa 10 bis 15 Minuten
  knusprig backen.
· Waffeln auf dem Kuchengitter auskühlen lassen.

Quinoa-Waffeln

200 g	Quinoa
200 g	Quinoa-Flocken
200 g	Quinoamehl oder Hirsemehl oder Buchweizenmehl
1 KL	Salz
2 EL	Öl
9–10 dl	Wasser

· Quinoa waschen, mit 5 dl Wasser aufkochen und circa 25 Minuten
  zugedeckt leicht kochen lassen, beiseitestellen, nicht abgiessen,
  etwas abkühlen lassen und restliche Zutaten dazugeben. Zusätzlich 4 bis 5 dl Wasser beimengen und zu einem
  Teig verrühren.
· Teig portionenweise im heissen Waffeleisen circa 10 bis 15 Minuten
  knusprig backen.
· Waffeln auf dem Kuchengitter auskühlen lassen.

Dazu passen verschiedene Salate und würzige, pikante Beilagen.

Hinweis: Backen Sie Waffeln auf Vorrat. Legen Sie zwischen die
einzelnen Waffeln jeweils Backtrennpapier, verschliessen Sie die
ganze Beige im Gefrierbeutel und lagern Sie sie im Tiefkühlfach.
Bei Bedarf schnell und bequem im Toaster aufbacken.

Reis-Waffeln

BROTERSATZ

200 g	gekochter Vollreis Rundkorn
200 g	Vollreisflocken
200 g	Vollreismehl
1 KL	Salz
2 EL	Öl

· Vollreis waschen, mit doppelter Menge Wasser circa 50 Minuten weichköcheln. Danach Flocken, Reismehl, Salz und Öl dazugeben und zu einem Brei vermengen. Eventuell etwas Wasser beigeben. Der Teig sollte nicht zu flüssig sein! Zugedeckt einige Stunden oder über Nacht quellen lassen.
· Teig portionenweise im heissen Waffeleisen circa 10 bis 15 Minuten knusprig backen.
· Waffeln auf dem Kuchengitter auskühlen lassen.

Hinweis: Backen Sie Waffeln auf Vorrat. Legen Sie zwischen die einzelnen Waffeln jeweils Backtrennpapier, verschliessen Sie die ganze Beige im Gefrierbeutel und Sie lagern sie im Tiefkühlfach. Bei Bedarf schnell und bequem im Toaster aufbacken.

Würzige Kartoffel-Waffeln

500 g	Kartoffeln gekocht
1	kleine Zwiebel oder Schalotte feingehackt
3 EL	Buchweizenmehl
1 EL	Öl
2 dl	Wasser
	Kräutersalz
wenig	Pfeffer, Muskatnuss
	Schnittlauch, Peterli
evtl.	Kümmel nach Belieben

(Zutaten für 4 Waffeln)

· Die gekochten Kartoffeln schälen, durch die Röstiraffel reiben, würzen.
· Alle anderen Zutaten beimischen, mit einer Gabel die geraffelten Kartoffeln etwas zerdrücken und alles zu einem groben, festen Teig vermengen.
· Den Teig im Waffeleisen knusprig ausbacken.
· Schmecken frisch und warm am besten.

Dazu passen verschiedene Salate mit
Waffel-Bruschetta, Rezept Seite 153, oder
Avocado-Aufstrich, Rezept Seite 150.

Tomaten-Waffeln

300 g	Goldhirsemehl
100 g	Vollreismehl
50 g	Maismehl
1 KL	Guarkernmehl
200 g	Passata oder frische kleine Tomatenwürfeli ohne Haut
1 KL	Tomatenpüree
0,5 dl	Olivenöl
2-3 EL	frischen Basilikum feingeschnitten oder Oregano
½	Knoblauchzehe gepresst
1	kleine Zwiebel oder Schalotte kleingehackt
	Salz und wenig Pfeffer
2,5-3 dl	Wasser mit Kohlensäure

(Zutaten für 6 Waffeln)

- Die Mehle gut miteinander mischen.
- Restliche Zutaten dazugeben, zu einem Teig verrühren; der Teig sollte nicht zu flüssig sein.
- Gut würzen.
- Teig portionenweise im heissen Waffeleisen ausbacken.
- Waffeln einzeln auf einem Kuchengitter abdampfen lassen, nicht aufeinander legen.

Hinweis: Diese Waffeln schmecken am besten frisch und warm.

Linsen-Waffeln

150 g	Rote Linsen geschält
150 g	Goldhirsemehl
100 g	Vollreismehl
50 g	Maismehl
1 KL	Guarkernmehl
1 ½ KL	Salz
2 KL	Curry
1 Msp	Kreuzkümmel
2 EL	Öl
2,5 dl	Wasser mit Kohlensäure

(Zutaten für 6 Waffeln)

· Linsen waschen, mit 3 dl Wasser 5 bis 7 Minuten bei geringer Temperatur köcheln. Wasser nicht abgiessen.
· In der Pfanne abkühlen lassen, Linsen salzen.
· Die Mehle, Salz, Curry und Kreuzkümmel separat in einer Schüssel gut mischen.
· Öl zu den Linsen geben, rühren.
· Wasser und die Mehlmischung abwechselnd ebenfalls beigeben und zu einem Teig verrühren. Teig zugedeckt etwas ziehen lassen.
· Teig portionenweise im heissen Waffeleisen ausbacken.
· Waffeln einzeln auf einem Kuchengitter abdampfen lassen, nicht aufeinander legen.

Hinweis: Diese Waffeln schmecken am besten frisch und warm. Sie passen hervorragend zu Salat und Früchten.

Süsse Wander-Waffeln

300 g	Hirsemehl
50 g	Kastanienmehl
2 KL	Guarkernmehl
1 Prise	Salz
100 g	Butter
100 g	Vollrohrzucker
½	Bio-Zitrone, Schale abgerieben
1 EL	Pistazien oder Baumnüsse feingehackt
50 g	Saure Aprikosen getrocknet, feingeschnitten
50 g	Datteln feingeschnitten
2,5 dl	Wasser

(Zutaten für 6 Waffeln)

· Die feingeschnittenen Datteln und Aprikosen in 2,5 dl Wasser einlegen.
· Butter in einer Schüssel schaumig rühren. Salz und Zucker dazugeben, weiterrühren.
· Abgeriebene Zitronenschale, Pistazien und die eingelegten Dörrfrüchte samt Flüssigkeit dazumengen.
· Die Mehle separat in einer Schüssel gut miteinander mischen; beim Kastanienmehl auf Knöllchenbildung achten. Dann dazugeben und zu einem Teig verrühren.
· Teig portionenweise im heissen Waffeleisen ausbacken.
· Waffeln einzeln auf einem Kuchengitter abdampfen lassen.

Hinweis: Diese Waffeln schmecken am besten frisch. Sie halten sich einige Zeit frisch und mürbe, wenn man sie in einer geschlossenen Guetzlidose aufbewahrt; sie müssen aber gut ausgekühlt sein.

Süsse Buchweizen-Waffeln

350 g	Buchweizenmehl
50 g	Kastanienmehl
1 KL	Guarkernmehl
200 g	Vollrohrzucker
1 KL	Vanillezucker
1 Prise	Salz
150 g	Butter
2 EL	Pistazien feingehackt
250 g	Apfel (1 Boskop) feingeraffelt oder
	Ananas feingeschnitten, ohne Saft
3 dl	Wasser mit Kohlensäure

(Zutaten für 6 Waffeln)

· Butter in einer Schüssel schaumig rühren. Salz, Zucker und Vanillezucker dazugeben, weiterrühren. Apfel schälen, entkernen und in die Butter raffeln oder feingeschnittene Ananas beimischen.
· Pistazien dazurühren.
· Buchweizenmehl, Kastanienmehl und Guarkernmehl separat in einer Schüssel miteinander mischen und abwechselnd mit Wasser zum Teig geben, gut verrühren. Der Teig sollte nicht zu flüssig sein. Einige Minuten ziehen lassen.
· Teig portionenweise im heissen Waffeleisen ausbacken.
· Waffeln einzeln auf einem Kuchengitter abdampfen lassen, nicht aufeinander legen.

Hinweis: Diese Waffeln schmecken am besten frisch und warm oder kalt. Die Waffeln halten sich einige Zeit frisch und mürbe, wenn man sie in einer geschlossenen Guetzlidose aufbewahrt; sie müssen gut ausgekühlt sein.

Kokos-Waffeln

BILD SEITE 177

200 g	Goldhirsemehl
100 g	Vollreismehl
50 g	Buchweizenmehl oder Kastanienmehl
1 KL	Guarkernmehl
½ KL	Backpulver phosphatfrei
120 g	Butter
200 g	Vollrohrzucker
1 Prise	Salz
100 g	Kokosraspel feingeraspelt
0,5 dl	Kokosmilch
1 EL	Rum
1 dl	Wasser mit Kohlensäure

(Zutaten für 6 Waffeln)

· Butter in einer Schüssel schaumig rühren. Zucker und Salz dazugeben, verrühren. Kokosraspel, Kokosmilch und Rum beimengen.
· Die verschiedenen Mehle und das Backpulver separat in einer Schüssel miteinander gut mischen, dazugeben und abwechselnd mit dem Wasser zu einem Teig verrühren. Teig sollte nicht zu flüssig sein. Etwa 15 Minuten ziehen lassen.
· Teig portionenweise im heissen Waffeleisen ausbacken.
· Waffeln einzeln auf einem Kuchengitter abdampfen lassen, nicht aufeinander legen.

Hinweis: Diese Waffeln schmecken am besten frisch. Sie halten sich einige Zeit frisch und mürbe, wenn man sie in einer geschlossenen Guetzlidose aufbewahrt; sie müssen gut ausgekühlt sein.

Fruchtige Dessert-Waffeln

BILD SEITE 177

350 g	Goldhirsemehl
50 g	Buchweizenmehl
2 EL	Maisstärke
100 g	Vollrohrzucker
1 KL	Vanillezucker
150 g	Butter
200–250 g	Apfel feingeraffelt oder andere feingeschnittene Fruchtstücke wie Birne, Zwetschgen, Rhabarber
2 dl	Hirse-Drink

Anstatt Buchweizenmehl kann die gleiche Menge Maismehl mit einem zusätzlichen KL Guarkernmehl verwendet werden.

(Zutaten für 6 Waffeln)

· Butter in einer Schüssel schaumig rühren. Zucker und Vanille-zucker dazugeben, weiterrühren. Geraffelten Apfel oder andere feingeschnittene Fruchtstücke beimischen.
· Hirsemehl, Buchweizenmehl und Maisstärke separat in einer Schüssel miteinander mischen und abwechselnd mit Hirse-Drink zum Teig geben. Der Teig sollte nicht zu flüssig sein. Zugedeckt eine halbe Stunde ziehen lassen.
· Teig portionenweise im heissen Waffeleisen ausbacken.
· Waffeln einzeln auf einem Kuchengitter abdampfen lassen, nicht aufeinander legen.
· Mit Puderzucker oder Zimt-Zucker bestreuen.

Hinweis: Diese Waffeln schmecken am besten frisch und warm oder kalt. Die Waffeln halten sich einige Zeit frisch und mürbe, wenn man sie in einer geschlossenen Guetzlidose aufbewahrt; sie müssen gut ausgekühlt sein.

Kokos-Waffeln,
Rezept Seite 175

Fruchtige
Dessert-Waffeln,
Rezept Seite 176

Kakao- oder Carob-Waffeln

300 g	Goldhirsemehl
50 g	Kastanienmehl
1 EL	Maisstärke
2 KL	Guarkernmehl
50 g	Mandeln feingemahlen
150 g	Butter
200 g	Vollrohrzucker
1 Prise	Salz
3 KL	Kakaopulver oder Carobpulver
½ KL	Vanillezucker
2,5–3 dl	Hirse-Drink

(Zutaten für 6 Waffeln)

· Butter in einer Schüssel im warmen Wasserbad mit dem Schnee-besen gut verrühren. Zucker, Vanillezucker, Salz und Kakaopulver beimengen.
· Hirsemehl, Kastanienmehl, Maisstärke, Guarkernmehl und Mandeln separat in einer Schüssel miteinander mischen und abwechselnd mit dem Hirse-Drink beigeben und zu einem Teig verrühren.
· Teig etwa 5 Minuten ruhen lassen, dann portionenweise im heissen Waffeleisen ausbacken.
· Waffeln einzeln auf einem Kuchengitter abdampfen lassen, nicht aufeinander legen.

Hinweis: Diese Waffeln schmecken am besten frisch. Sie halten sich einige Zeit frisch und mürbe, wenn man sie in einer geschlos-senen Guetzlidose aufbewahrt; sie müssen gut ausgekühlt sein. Man kann sie auch tiefkühlen und bei Bedarf schnell und bequem im Toaster aufbacken.

Pizzateig-Grundrezept

300 g	Maismehl
200 g	Vollreismehl
20 g	Maisstärke
2 KL	Guarkernmehl
1 Päckchen	Backpulver phosphatfrei
1 KL	Salz
1 Prise	Vollrohrzucker
2 EL	Olivenöl
4,5 dl	Wasser

- Alle Mehle, Maisstärke, Backpulver, Salz und Zucker in einer Schüssel gut miteinander mischen.
- Mit Öl und Wasser zu einem geschmeidigen Teig kneten.
- Teig in Klarsichtfolie einpacken und mindestens 30 Minuten ruhen lassen.
- Backblech mit Backtrennpapier auslegen. Teig direkt im Blech circa 5 Millimeter dick auswallen.
- Mit Olivenöl bestreichen.
- Den Pizzaboden nach Wunsch belegen.
- In der unteren Hälfte des vorgeheizten Backofens bei 220 Grad circa 25 Minuten backen.

Samichlaus-Stiefeli.
(Rezept Seite 187)

Vanille-Herzli.
(Rezept Seite 184)

Sesam-Carob-
Guetzli.
(Rezept Seite 185)

Hirse-Guetzli

EINE ALTERNATIVE ZU MAILÄNDERLI, BILD SEITE 199

100 g	Butter
150 g	Vollrohrzucker
1 Prise	Salz
1	Bio-Zitrone, Schale abgerieben
0,5 dl	Vollrahm oder Soja-Rahm
1 Msp	Kurkumapulver
150 g	Goldhirsemehl
100 g	Buchweizenmehl
1 KL	Johannisbrotkernmehl

- Butter in einer Schüssel im warmen Wasserbad mit dem Schneebesen schaumig rühren. Zucker dazugeben, weiterrühren.
- Salz, Zitronenschale, Rahm und Kurkumapulver beigeben, gut verrühren.
- Die Mehle separat in einer Schüssel gut mischen, beimengen und zu einem Teig kneten.
- Den feuchten Teig zu einer Kugel formen, mit Klarsichtfolie eingepackt mindestens 2 Stunden kalt stellen.
- Teig auf Hirsemehl 5 Millimeter dick auswallen, beliebige Formen ausstechen und auf ein mit Backtrennpapier belegtes Backblech legen.
- Guetzli mit Wasser bepinseln.
- In der Mitte des vorgeheizten Backofens bei 200 Grad circa 8 Minuten backen.
- Auf dem Backblech auskühlen lassen.

Nach Belieben kann man die warmen, fertig gebackenen Hirse-Guetzli mit Zitronensaft-Glasur bestreichen und mit gehackten Pistazien oder Mandeln garnieren, oder sie erkalten lassen und dann mit Puderzucker bestäuben.

Hinweis: Die gluten- und eifreien Kleingebäcke werden schneller trocken als übliches Kleingebäck. Es empfiehlt sich deshalb, öfters kleinere Mengen frisch zu backen. Guetzli ohne Glasur können tiefgekühlt werden.

Schoggi-Herzli

BILD SEITE 199

150 g	Butter
120 g	Vollrohrzucker
50 g	Mandeln gemahlen
4 KL	Kakaopulver
1 KL	Johannisbrotkernmehl
150 g	Vollreismehl
100 g	Buchweizenmehl
evtl. 1–2 EL	Wasser

- Butter in einer Schüssel im warmen Wasserbad mit dem Schnee-besen schaumig rühren. Zucker dazugeben, weiterrühren. Mandeln und Kakaopulver beimischen.
- Reismehl, Buchweizenmehl und Johannisbrotkernmehl separat in einer Schüssel miteinander mischen und dann zum Teig geben, gut kneten. Den Teig 2 Stunden kalt stellen.
- Teig mindestens eine halbe Stunde vor der Verarbeitung aus dem Kühlschrank nehmen, auf wenig Buchweizenmehl 1 Zentimeter dick auswallen, Herzformen ausstechen.
- Guetzli auf ein mit Backtrennpapier belegtes Backblech legen, mit wenig Wasser bepinseln.
- In der Mitte des vorgeheizten Backofens circa 10 Minuten bei 200 Grad backen.

Idee: Diese Guetzli-Variation ersetzt an Ostern die traditionellen Schoggihasen; anstatt Herzformen Hasenformen ausstechen und beliebig garnieren.

Hinweis: Die gebackenen Guetzli erst nach dem Auskühlen vorsich-tig vom Blech lösen, da sie leicht brechen. Die gluten- und eifreien Kleingebäcke werden schneller trocken als übliches Kleingebäck. Es empfiehlt sich deshalb, öfters kleinere Mengen frisch zu ba-cken. Guetzli ohne Glasur können tiefgekühlt werden.

Vanille-Herzli

BILD SEITE 180

150 g	Butter
120 g	Vollrohrzucker
70 g	Mandeln oder Cashewnüsse feingemahlen
2 KL	Vanillezucker
½	Bio-Zitrone, Schale abgerieben
1 KL	Johannisbrotkernmehl
125 g	Vollreismehl feingemahlen
75 g	Maisstärke
100 g	Buchweizenmehl
1 Msp	Kurkumapulver
2 EL	Reis-Drink

· Butter in einer Schüssel schaumig rühren, Zucker dazugeben, weiterrühren. Mandeln, Vanillezucker, Zitronenschale und Kurkumapulver beimischen.
· Vollreismehl, Maisstärke, Buchweizenmehl und Johannisbrotkern-mehl separat in einer Schüssel gut miteinander mischen und dann zum Teig geben, kneten. Den fertigen, recht feuchten Teig circa 2 Stunden kalt stellen.
· Auf wenig Buchweizenmehl als Unterlage den Teig 5 Millimeter dick auswallen, Herzformen ausstechen.
· Guetzli auf ein mit Backtrennpapier belegtes Backblech legen, mit wenig Wasser bepinseln und circa 8 Minuten bei 200 Grad in der Mitte des vorgeheizten Backofens backen.

Nach Belieben kann man die warmen, fertig gebackenen Vanille-Herzli mit Zuckerguss bestreichen oder erkalten lassen und dann mit Puderzucker bestäuben.

Hinweis: Die gebackenen Guetzli erst nach dem Auskühlen vorsichtig vom Blech lösen, da sie leicht brechen.
Die glutenfreien und eifreien Kleingebäcke werden schneller trocken als übliches Kleingebäck. Es empfiehlt sich deshalb, öfters kleinere Mengen frisch zu backen. Guetzli ohne Glasur können tiefgekühlt werden.

Sesam-Carob-Guetzli

BILD SEITE 180

150 g	Butter
120 g	Vollrohrzucker fein
50 g	Sesamsamen ungeröstet
4 KL	Carobpulver
1 KL	Johannisbrotkernmehl oder Guarkernmehl
150 g	Vollreismehl
50 g	Kastanienmehl oder Amaranthmehl
50 g	Braunhirsemehl
2 EL	Reis-Drink

· Butter in einer Schüssel schaumig rühren.
· Zucker, Sesamsamen und Carobpulver beigeben, gut verrühren.
· Separat in einer Schüssel die Mehle mit Johannisbrotkernmehl
  gut mischen und dazugeben, alles zu einem feuchten Teig kneten,
  etwa 2 Stunden kalt stellen. Den Teig eine halbe Stunde vor dem
  Auswallen aus dem Kühlschrank nehmen, durchkneten.
· Teig sorgfältig auf wenig Braunhirsemehl 1 Zentimeter dick
  auswallen, Formen ausstechen – ideal sind runde Formen – und auf
  ein mit Backtrennpapier belegtes Backblech legen. Die ausgesto-
  chenen Guetzli mit wenig Wasser bepinseln.
· In der Mitte des vorgeheizten Backofens circa 10 Minuten
  bei 200 Grad backen.

Hinweis: Die gebackenen Guetzli erst nach dem Auskühlen vorsichtig vom Blech lösen, da sie leicht brechen.
Die glutenfreien- und eifreien Kleingebäcke werden schneller
trocken als übliches Kleingebäck. Es empfiehlt sich deshalb, öfters
kleinere Mengen frisch zu backen. Guetzli ohne Glasur können
tiefgekühlt werden.

Nuss-Stengeli

100 g	Butter
100 g	Vollrohrzucker
0,5 dl	Vollrahm
1 Prise	Salz
2 Msp	Kurkumapulver
50 g	Mandeln gemahlen
80 g	Baumnüsse feingehackt, eventuell leicht geröstet
150 g	Hirsemehl
50 g	Buchweizenmehl
2 KL	Johannisbrotkernmehl oder Guarkernmehl

· Butter in einer Schüssel schaumig rühren, Zucker und Rahm beigeben, weiterrühren.
· Salz, Kurkuma und Nüsse beimischen.
· Hirse-, Buchweizen- und Johannisbrot- bzw. Guarkernmehl separat gut miteinander mischen und dann zum Teig geben, kneten. Den fertigen Teig mindestens eine Stunde kalt stellen.
· Teig auf Hirsemehl circa 8 Millimeter dick auswallen, mit einem Messer 5 bis 7 Zentimeter lange und 2 Zentimeter breite Stengeli schneiden.
Die Stengeli auf ein mit Backtrennpapier belegtes Blech legen und 10 bis 15 Minuten in der Mitte des vorgeheizten Backofens bei 200 Grad backen.

Hinweis: Die gebackenen Guetzli erst nach dem Auskühlen vorsichtig vom Blech lösen, da sie leicht brechen.
Die glutenfreien- und eifreien Kleingebäcke werden schneller trocken als übliches Kleingebäck. Es empfiehlt sich deshalb, öfters kleinere Mengen frisch zu backen. Guetzli ohne Glasur können tiefgekühlt werden.

Samichlaus-Stiefeli

EINE ALTERNATIVE ZU LEBKUCHEN, BILD SEITE 180

200 g	Vollrohrzucker
2 dl	Reis-Drink
150 g	Agavendicksaft oder flüssiger Honig
1 ½ KL	Zimt
1 KL	Anispulver
1 Msp	Nelkenpulver
1 Msp	Macis
1 Msp	Ingwer
1 Msp	Kardamom
1 Prise	Salz
250 g	Vollreismehl
350 g	Braunhirsemehl
50 g	Maisstärke
2 KL	Guarkernmehl oder Johannisbrotkernmehl
20 g bzw. 1 Päckchen	Backpulver phosphatfrei

Zuckerglasur:

40 g	Puderzucker aus Vollrohrzucker
1 KL	Wasser

· Alle Gewürzpulver, Zucker, Agavendicksaft in einer Schüssel mit Reis-Drink gut verrühren.
· Salz, Backpulver und Mehle in einer separaten Schüssel gut mischen und beigeben. Alles zu einem festen, feuchten Teig rühren, 2 bis 3 Stunden zugedeckt kühl stellen.
· Den fertigen Teig 1 Zentimeter dick auf wenig Hirsemehl auswallen, Stiefelformen ausstechen, mit Wasser bestreichen. In der Mitte des vorgeheizten Backofens bei 200 Grad circa 18 Minuten backen.
· Die Zutaten für die Zuckerglasur gut miteinander verrühren.
· Die noch warmen Stiefeli mit Zuckersirup glasieren und mit fester Zuckerglasur verzieren.

Hinweis: Die gebackenen Guetzli erst nach dem Auskühlen vorsichtig vom Blech lösen, da sie leicht brechen.
Die glutenfreien- und eifreien Kleingebäcke werden schneller trocken als übliches Kleingebäck. Es empfiehlt sich deshalb, öfters kleinere Mengen frisch zu backen. Guetzli ohne Glasur können tiefgekühlt werden.

Zimtsterne

400 g	Vollrohrzucker feingemahlen
300 g	Buchweizenmehl
2 KL	Guarkernmehl oder Johannisbrotkernmehl
10 g bzw. ½ Päckchen	Backpulver phosphatfrei
1 Prise	Salz
200 g	Mandeln gerieben
1	Kartoffel mittelgross, gekocht, geschält und gerieben
1 ½ dl	Reis-Drink
3 EL	Zimtpulver
2 EL	Zitronensaft frisch gepresst

Zuckerglasur:

100 g	Puderzucker aus Vollrohrzucker
2 KL	Kirsch nach Belieben
2 KL	Wasser

- Buchweizenmehl, Guarkernmehl und Backpulver in einer Schüssel gut mischen.
- In einer anderen Schüssel die restlichen Zutaten miteinander mischen, gut verrühren. Die Mehlmischung beigeben, zu einem feuchten Teig kneten, mindestens 2 Stunden kalt stellen.
- Teig auf wenig Buchweizenmehl 1 Zentimeter dick auswallen, Sternformen ausstechen.
- Sterne auf ein mit Backtrennpapier belegtes Backblech legen, mit wenig Wasser bepinseln und circa 10 Minuten bei 180 Grad in der Mitte des Backofens backen.
- Die Zutaten der Zuckerglasur gut miteinander vermischen.
- Die noch warmen Zimtsterne mit der Zuckerglasur bepinseln, trocknen lassen.

Hinweis: Die gebackenen Guetzli erst nach dem Auskühlen vorsichtig vom Blech lösen, da sie leicht brechen.
Die glutenfreien- und eifreien Kleingebäcke werden schneller trocken als übliches Kleingebäck. Es empfiehlt sich deshalb, öfters kleinere Mengen frisch zu backen. Guetzli ohne Glasur können tiefgekühlt werden.

Weihnachtssterne

150 g	Butter
120 g	Vollrohrzucker
1 Prise	Salz
2 KL	Kakaopulver
je 4 Msp	Zimt-, Nelken- und Macispulver
je 2 Msp	Koriander-, Anis- und Ingwerpulver
oder 1 KL	Lebkuchengewürz
1	Bio-Orange blond, Saft und Schale
30 g	Erdmandeln
200 g	Hirsemehl
50 g	Kastanienmehl
50 g	Maismehl
2 KL	Guarkernmehl
evtl. 1–2 EL	Pistazien feingehackt zur Garnitur

· Butter in einer Schüssel im Wasserbad mit dem Schneebesen schaumig rühren. Zucker dazugeben, weiterrühren.
· Salz, Kakaopulver, die verschiedenen Gewürzpulver oder Lebkuchengewürz und die feinabgeriebene Schale einer halben Orange beimengen.
· Die andere Hälfte der abgeriebenen Orangenschale für die Garnitur beiseitestellen. Die Orange auspressen.
· 0,75 dl Orangensaft dazugeben.
· Erdmandeln dazugeben, gut verrühren.
· Die Mehle separat in einer Schüssel gut mischen und dem Teig beigeben, kneten.
· Den feuchten Teig zu einer Kugel formen, mit Klarsichtfolie eingepackt mindestens 2 Stunden kalt stellen.
· Teig auf Hirsemehl 8 Millimeter dick auswallen, Stern-Formen ausstechen und auf ein mit Backtrennpapier belegtes Backblech legen.
· Guetzli mit wenig Wasser bepinseln.
· In der Mitte des vorgeheizten Backofens bei 200 Grad circa 13 Minuten backen.
· Circa 80 g Puderzucker aus Vollrohrzucker und 4 KL Wasser verrühren.
· Die noch warmen Guetzli mit der Zuckerglasur bepinseln und mit gehackten Pistazien und wenig Orangeschalen garnieren. Auskühlen und trocknen lassen.

Pausen-Riegel

100 g	Butter
200 g	Vollreismehl
150 g	Hirseflocken fein
3 KL	Guarkernmehl
1 Prise	Salz
20 g	Amaranth gepoppt oder Hirse gepoppt bzw. Hirsenüssli
1,5 dl	Reis-Drink
2 dl	Reis-Sirup oder Honig
3 EL	Agavendicksaft oder Birnel
2–3 EL	Sanddorn-Vitalsaft ohne Zucker
50 g	Sultaninen oder Rosinen oder Aprikosen oder Pflaumen oder Apfelringe gedörrt, ungeschwefelt
50 g bzw. 5 Stk	Datteln ohne Stein oder Feigen kleingeschnitten
100 g	Mandeln oder Baumnüsse oder Cashewnüsse feingehackt

(Zutaten für 26 Riegel)

· Dörrfrüchte kleinschneiden, im Reis-Drink einlegen.
· Butter schaumig rühren, den Reis-Sirup oder Honig, Agavendick-saft und Sanddornsaft mitrühren.
· Guarkernmehl mit dem Reismehl gut mischen, dem Butter beigeben.
· Hirseflocken, Reis-Drink mit Dörrfrüchten, die Getreidepopps und die restlichen Zutaten nach und nach dazugeben und gut zu einem weichen, nassen Teig verarbeiten. Ein paar Stunden, am besten über Nacht, kühl stellen.
· Teig durchkneten, auf wenig Reismehl 1,5 Zentimeter dick auswallen, 8 Zentimeter lange und 3 Zentimeter breite Riegel schneiden, auf ein mit Backtrennpapier belegtes Blech legen und mit Wasser bepinseln. In der Mitte des Backofens bei 180 Grad circa
15 Minuten backen.

Hinweis: Je feiner die Zutaten zerkleinert werden, desto einfacher ist die Verarbeitung zu Riegeln und desto weniger brechen sie in der Znüni- bzw. Zvieribox.

Kafi-Begleiterli

125 g	Butter
150 g	Puderzucker aus Vollrohrzucker
1 Prise	Salz
1 Msp	Kurkumapulver
1	Bio-Zitrone, Schale abgerieben
200 g	Kartoffeln mehligkochend, gekocht, geschält und feingerieben oder zerdrückt
50 g	Cashewnüsse, nicht geröstet, ungesalzen, gemahlen oder Mandeln gemahlen
150 g	Braunhirsemehl
80 g	Maismehl
2 Kl	Guarkernmehl

- Butter in einer Schüssel schaumig rühren. Zucker dazugeben, weiterrühren.
- Salz, Kurkumapulver und abgeriebene Zitronenschale beigeben, rühren und die Kartoffeln beimengen.
- Die Mehle und Cashewnüsse separat in einer Schüssel gut mischen und dem Teig beigeben, kneten.
- Den Teig zu einer Kugel formen, mit Klarsichtfolie eingepackt 1 bis 2 Stunden kalt stellen.
- Den Teig auf wenig Hirsemehl 5 Millimeter dick auswallen und beliebige Formen ausstechen. Die Guetzli auf ein mit Backtrennpapier belegtes Backblech legen, mit wenig Wasser bepinseln und circa 8 Minuten bei 220 Grad in der Mitte des vorgeheizten Backofens backen.
- Je nach Belieben können die ausgekühlten Guetzli mit wenig Puderzucker bestäubt werden.

Hinweis: Die gebackenen Guetzli erst nach dem Auskühlen vorsichtig vom Blech lösen, da sie leicht brechen.
Die glutenfreien und eifeien Kleingebäcke werden schneller trocken als übliches Kleingebäck. Es empfiehlt sich deshalb, öfters kleinere Mengen frisch zu backen. Guetzli ohne Glasur können tiefgekühlt werden.

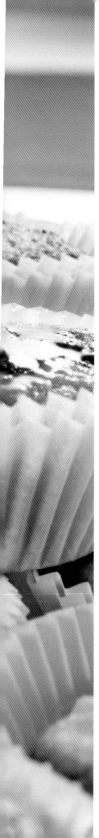

KUCHEN
BIBERFLADEN
CAKES
WÄHEN

Carob-Kokos-
Muffins.
(Rezept Seite
200)

Orangen-Muffins.
(Rezept Seite 201)

Rustico-Kuchen

150 g	Butter
300 g	Vollrohrzucker
1 Prise	Salz
½ dl	Vollrahm
½ dl	Mineralwasser mit Kohlensäure
50 g	Sesamsamen ganz oder Mandeln oder Baumnüsse oder Pinienkerne gemahlen
50 g	Pinienkerne grobgehackt
300 g	Zucchetti ohne Kernen geschält, kleingewürfelt
2 KL	Zimt
1 Msp	Nelkenpulver
200 g	Hirsemehl
100 g	Vollreismehl
50 g	Maisstärke
2 KL	Johannisbrotkernmehl
1 KL	Guarkernmehl
2 KL	Backpulver phosphatfrei

(Zutaten für Cakeform von 30 cm Länge oder Springform mit 24 cm Durchmesser)

· Butter in einer Schüssel schaumig rühren, Zucker, Salz und Flüssigkeit beigeben, weiterrühren.
· Samen, Kerne, Zucchetti und Gewürz beigeben.
· Hirse-, Vollreis-, Johannisbrotkern-, Guarkernmehl, Maisstärke mit dem Backpulver separat mischen und dann zum Teig geben.
· Teig in eine ausgebutterte oder mit Backtrennpapier belegte Cakeform oder Springform füllen.
· Kuchen in der unteren Hälfte des auf 180 Grad vorgeheizten Backofens circa 70 Minuten backen.

Biberfladen

200 g	Buchweizenmehl
100 g	Hirsemehl
50 g	Maismehl
1 KL	Guarkernmehl
1 Prise	Salz
1 Päckchen	Backpulver phosphatfrei
30 g	Kakaopulver oder Carobpulver
2 EL	Lebkuchengewürz
200 g	Vollrohrzucker
3 dl	Hirse-Drink
1 dl	Vollrahm

(Zutaten für ein Rundblech von 28 cm Durchmesser)

· Sämtliche Mehle mit Salz, Backpulver, Kakaopulver oder Carobpulver, Lebkuchengewürz und Zucker in einer Schüssel gut mischen.
· Hirse-Drink und Vollrahm beigeben und zu einem Teig verrühren.
· Teig in ein eingefettetes Rundblech füllen, glattstreichen.
· In der unteren Hälfte des vorgeheizten Backofens bei 180 Grad circa 30 Minuten backen.
· Den ausgekühlten Biberfladen mit Butter füllen.

Zimtfladen

1	glutenfreier Mürbeteig: Rezept Fruchtwähe, Seite 210
4–5 EL	Himbeerkonfitüre
100 g	Butter
200 g	Vollrohrzucker
1 Prise	Salz
1 Msp	Nelkenpulver
2 ½ EL	Zimtpulver
100 g	Goldhirsemehl
100 g	Vollreismehl
10 g	Maisstärke
2 KL	Guarkernmehl
1 Päckchen	Backpulver phosphatfrei
3 dl	Vollreis-Drink

(Zutaten für eine Springform von 25 cm Durchmesser)

- Springform mit Mürbeteig belegen, Rand formen, den Teigboden mit Gabel einstechen.
- Himbeerkonfitüre gleichmässig auf Teigboden verteilen.
- Butter in einer Schüssel im warmen Wasserbad mit dem Schneebesen gut verrühren. Zucker, Salz, Nelken- und Zimtpulver dazugeben und weiterrühren.
- Die verschiedenen Mehle, Maisstärke und Backpulver separat in einer Schüssel gut mischen.
- Die Mehlmischung abwechselnd mit dem Vollreis-Drink dazugeben und zu einem dünnflüssigen Teig verrühren.
- Teig in die Springform füllen und verteilen.
- Auf der zweiten Rille von unten des vorgeheizten Backofens circa 35 Minuten bei 220 Grad backen.
- Auf dem Kuchengitter auskühlen lassen.

Apfel-Muffins

70 g	Butter
2 dl	Agavendicksaft
100 g	Apfelmus ungesüsst oder Birnenmus ungesüsst
50 g	Datteln ohne Kern, feingeschnitten oder Rosinen
100 g	Apfelstückli oder Birnenstückli geschält und feingeschnitten
2 Prisen	Salz
1 KL	Zitronensaft frisch gepresst
80 g	Goldhirsemehl oder Braunhirsemehl
50 g	Vollreismehl
20 g	Maisstärke
2 KL	Guarkernmehl
2 KL	Backpulver phosphatfrei
50 g	Mandeln oder Haselnüsse oder Cashewnüsse, alle gemahlen

(Zutaten für circa 15 Muffins)

- Äpfel oder Birnen in Schnitzen in wenig Wasser kochen und pürieren.
- Butter in einer Schüssel im warmen Wasserbad mit dem Schneebesen gut verrühren, Agavendicksaft, Apfel- oder Birnenmus, Zitronensaft, Salz und Datteln beimengen.
- Backpulver, Maisstärke und Mehle separat gut miteinander mischen, ebenfalls beigeben und weiterrühren.
- Mandeln und Apfel- oder Birnenstückli unterrühren.
- Teig 5 Minuten ruhen lassen.
- Falls der Teig eine zu feste Konsistenz bekommt, etwas Mineralwasser mit Kohlensäure zugeben.
- Teig in die Muffinsformen füllen, nach Belieben mit Mandelsplittern garnieren und in der Mitte des vorgeheizten Backofens circa 25 Minuten bei 180 Grad backen.

Beeren-Muffins

70 g	Butter
120 g	Vollrohrzucker
2 Prisen	Salz
2 Msp	Kurkumapulver
½ dl	Vollrahm
70 g	Vollreismehl
50 g	Maismehl
30 g	Goldhirsemehl
20 g	Maisstärke
2 KL	Guarkernmehl
2 KL	Backpulver phosphatfrei
3 KL	Bourbon-Vanillezucker
½	Bio-Zitrone, Schale abgerieben
1 dl	Mineralwasser mit Kohlensäure
200 g	Johannisbeeren oder Stachelbeeren oder Heidelbeeren
	Weitere mögliche Varianten, je nach Saison, sind:
	Ananas- oder Zwetschgen- oder Kirschen- oder Rhabarberstückli

(Zutaten für circa 15 Muffins)

· Butter in einer Schüssel im warmen Wasserbad mit dem Schneebesen gut verrühren, Zucker und Salz beimengen.
· Vanillezucker, abgeriebene Zitronenschale, Kurkumapulver und
Rahm ebenfalls beigeben, weiterrühren.
· Backpulver, Maisstärke und die Mehle separat gut miteinander
mischen und abwechselnd mit dem Mineralwasser dazugeben und
zu einem Teig verrühren.
· Zum Schluss die Beeren beimengen und den Teig in die Muffinsformen füllen.
· In der Mitte des vorgeheizten Backofens circa 25 Minuten bei
180 Grad backen.

Hirse-Guetzli,
Rezept Seite 182
Schoggi-Herzli,
Rezept Seite 183

Carob-Kokos-Muffins

BILD SEITE 192

70 g	Butter
150 g	Vollrohrzucker
½ KL	Salz
100 g	Goldhirsemehl oder Braunhirsemehl
50 g	Vollreismehl oder Maismehl
30 g	Maisstärke
2 KL	Guarkernmehl
2 ½ KL	Backpulver phosphatfrei
1,5 dl	Reis-Drink oder Hirse-Drink
½ dl	Vollrahm oder Soja-Rahm

Für die 1. Teighälfte:

2 Msp	Kurkumapulver
30 g	Kokosraspel
½ dl	Reis-Drink oder Hirse-Drink

Für die 2. Teighälfte:

3 EL	Carobpulver
½ dl	Reis-Drink oder Hirse-Drink

(Zutaten für circa 20 Muffins)

· Butter in einer Schüssel im warmen Wasserbad mit dem Schneebesen gut verrühren, Zucker und Salz beimengen.
· Backpulver, Maisstärke und Mehle separat gut miteinander mischen und abwechselnd mit dem Reis- oder Hirse-Drink dazugeben und zu einem Teig verrühren.
· Teig halbieren: Die eine Hälfte in einer anderen Schüssel mit Kurkumapulver, Kokosraspeln und Flüssigkeit mischen. Die andere Hälfte mit Carobpulver und Reis- oder Hirse-Drink gut verrühren.
· Je einen Esslöffel Teig in eine Muffinform geben, und die Masse mit einem nassen Kaffeelöffel verstreichen oder mit einer nassen Tortengabel marmorieren.
· In der Mitte des vorgeheizten Backofens 25 bis 30 Minuten bei 180 Grad backen. Auf dem Kuchengitter auskühlen lassen.

Orangen-Muffins

BILD SEITE 192

70 g	Butter
120 g	Vollrohrzucker
2 Prisen	Salz
2 Msp	Kurkumapulver
70 g	Vollreismehl
70 g	Maismehl
30 g	Maisstärke
3 KL	Bourbon-Vanillezucker
2 KL	Guarkernmehl
2 KL	Backpulver phosphatfrei
1 dl	Orangensaft frisch gepresst
½	Bio-Orange, Schale abgerieben
1	Orange in kleine Stücke geschnitten
½ dl	Wasser

(Zutaten für circa 15 Muffins)

· Butter in einer Schüssel im warmen Wasserbad mit dem Schneebesen gut verrühren, Zucker und Salz beimengen.
· Vanillezucker, abgeriebene Orangenschale und Kurkumapulver beimengen und weiterrühren.
· Backpulver, Maisstärke und Mehle separat gut miteinander mischen und abwechselnd mit dem Orangensaft und Wasser dazugeben und zu einem Teig verrühren.
· Zum Schluss die Orangenstückli vorsichtig darunterziehen und den Teig in die Muffinformen füllen.
· In der Mitte des vorgeheizten Backofens circa 25 Minuten bei 180 Grad backen. Auf dem Kuchengitter auskühlen lassen.

Schoggi-Muffins

70 g	Butter
100 g	Vollrohrzucker
2 Prisen	Salz
2 EL	Rum
1 EL	Kakaopulver ohne Zusatz
2 EL	Pinienkerne
5	getrocknete Pflaumen ohne Stein, feingeschnitten
100 g	schwarze Schokolade ohne Milchzusatz, in kleine Würfel geschnitten
1,5 dl	Hirse-Drink
100 g	Goldhirsemehl
70 g	Buchweizenmehl
20 g	Maisstärke
2 KL	Guarkernmehl
2 KL	Backpulver phosphatfrei

(Zutaten für 13–15 Muffins)

· Butter in einer Schüssel im warmen Wasserbad mit dem Schnee-besen gut verrühren, Zucker und Salz beimengen.
· Rum, Kakaopulver, Pinienkerne, Pflaumen, Schokoladenwürfeli und die Hälfte des abgemessenen Hirse-Drinks ebenfalls beige-ben, weiterrühren.
· Die verschiedenen Mehle mit Maisstärke und Backpulver separat in einer Schüssel gut mischen und abwechselnd mit dem restlichen Hirse-Drink beimengen, zu einem Teig verrühren.
· Teig in Muffinsformen füllen.
· In der Mitte des vorgeheizten Backofens circa 25 Minuten bei 180 Grad backen. Auf dem Kuchengitter auskühlen lassen.

Buchweizenkuchen mit Apfel

250 g	Buchweizenmehl
2 KL	Guarkernmehl
1 Prise	Salz
1 Päckchen	Backpulver phosphatfrei
200 g	Mandeln gemahlen
2 mittelgrosse	saure Äpfel gerieben (circa 250 g)
½	Bio-Zitrone, Schale abgerieben
1 EL	Zitronensaft frisch gepresst
200 g	Butter
200 g	Vollrohrzucker
2 dl	Apfelsaft

(Zutaten für Cakeform von 30 bis 33 cm Länge)

· Butter mit Zucker schaumig rühren, Zitronenschale dazureiben.
· Äpfel, Zitronensaft, Mandeln und Salz dazugeben.
· Buchweizenmehl, Guarkernmehl und Backpulver separat gut mischen und abwechselnd mit dem Apfelsaft darunterrühren.
· Teig in die mit Backtrennpapier ausgelegte Form füllen und in der Mitte des vorgeheizten Backofens bei 200 Grad 25 Minuten backen, Hitze reduzieren auf 180 Grad und weitere 25 Minuten backen.
· Kuchen aus der Form lösen und auf dem Kuchengitter auskühlen lassen.
· Mit Puderzucker bestäuben.

Dörrfrüchte-Cake

BILD SEITE 205

150 g	Butter
120 g	Vollrohrzucker
1 Prise	Salz
1 Msp	Macispulver
1 Msp	Nelkenpulver
1 Msp	Kurkumapulver
80 g	Aprikosen getrocknet, ungeschwefelt
80 g	Pflaumen getrocknet, ungeschwefelt, ohne Stein
40 g	Apfelstücke getrocknet, ungeschwefelt
50 g	Baumnusskerne zerkleinert
½	Bio-Zitrone, Schale abgerieben
1,5 dl	Hirse-Drink
150 g	Maismehl
100 g	Hirsemehl
100 g	Buchweizenmehl
2 KL	Guarkernmehl
2 KL	Backpulver phosphatfrei
2 dl	Wasser mit Kohlensäure

(Zutaten für eine Cakeform von 28 cm Länge)

- Dörrfrüchte klein schneiden, im Hirse-Drink 20 bis 30 Minuten einlegen.
- Butter in einer Schüssel im warmen Wasserbad schaumig rühren. Zucker, Salz, Macis-, Nelken- und Kurkumapulver beigeben, gut verrühren.
- Eingelegte Dörrfrüchte mit der Einweichflüssigkeit beimengen.
- Zitronenschale abreiben und Baumnusskerne dazugeben.
- Die verschiedenen Mehle mit dem Backpulver separat gut mischen.
- Mehlmischung abwechselnd mit dem Wasser beigeben und zu einem Teig verrühren.
- Teig in die mit Backtrennpapier ausgelegte Form füllen, glattstreichen.
- In der unteren Hälfte des vorgeheizten Backofens bei 180 Grad circa 60 Minuten backen.
- Auf dem Kuchengitter auskühlen lassen.

Advents-Cake

100 g	Hirseflocken
150 g	Dörrpflaumen, Feigen, Datteln in Streifen geschnitten
100 g	Sultaninen oder Rosinen
1 dl	Hirse-Drink
1 dl	Vollrahm
150 g	Butter
150 g	Vollrohrzucker
1 Prise	Salz
½ EL	Lebkuchengewürz
1	Bio-Zitrone, Schale abgerieben
50 g	Braunhirsemehl
150 g	Vollreismehl
3 KL	Guarkernmehl oder Johannisbrotkernmehl
2 KL	Backpulver phosphatfrei

(Zutaten für Cakeform von 28 cm Länge)

· Die verschiedenen Mehle separat mit dem Backpulver gut mischen.
· Hirseflocken und alle Dörrfrüchte mit Hirse-Drink und Rahm in einer Schüssel verrühren, zugedeckt circa 15 Minuten quellen lassen.
· Butter in einer Schüssel weichrühren. Zucker, Lebkuchengewürz und Salz darunterrühren.
· Die Hirse-Dörrfrüchte-Mischung und die geriebene Zitronenschale ebenfalls dazugeben, weiterrühren, nach und nach die Mehlmischung beigeben und zu einem Teig verarbeiten.
· Teig in die vorbereitete Cakeform füllen.
· Cake 65 Minuten in der unteren Hälfte des auf 180 Grad vorgeheizten Backofens backen.

Kokos-Cake

250 g	Zucker
1 Prise	Salz
4 KL	Johannisbrotkernmehl
4 EL	Wasser
200 g	Kokosraspel
150 g	Vollreismehl
50 g	Kastanienmehl
2 KL	Backpulver phosphatfrei
2 ½ dl	Kokosmilch
1 EL	Vollrahm

(Zutaten für Cakeform von 25 cm Länge)

· Zucker mit Johannisbrotkernmehl, Salz und Wasser gut mit dem Schneebesen verrühren. Kokosraspel dazugeben.
· Reismehl, Kastanienmehl und Backpulver gut mischen und abwechselnd mit Kokosmilch oder Rahm zu einem Kuchenteig verrühren. Je nach Qualität der Mehle muss eventuell mehr Kokosmilch oder Rahm dazugegeben werden.
· Teig in die vorbereitete Cakeform füllen.
· Im vorgeheizten Backofen circa 60 Minuten bei 180 Grad in der unteren Hälfte des Backofens backen.
· Aus der Backform nehmen und auf dem Kuchengitter auskühlen lassen.
· Nach Belieben mit Puderzucker bestäuben.
· In Folie eingepackt im Kühlschrank 4 Tage haltbar.

Überraschungstorte

200 g	Butter
200 g	Vollrohrzucker
1 Prise	Salz
2 dl	Reis-Drink
2 EL	Kakaopulver oder Carobpulver
70 g	Mandeln gemahlen oder ungesalzene Cashews gemahlen
200 g	frische Ananasstückchen kleingeschnitten
150 g	Goldhirsemehl
70 g	Vollreismehl
20 g	Maisstärke
2 KL	Guarkernmehl
1 KL	Flohsamen gemahlen
2 KL	Backpulver phosphatfrei

(Zutaten für Springform von 25 cm Durchmesser)

- Butter in einer Schüssel im warmen Wasserbad mit dem Schneebesen gut verrühren, Zucker und Salz beimengen.
- Reis-Drink, Kakao- oder Carobpulver und Mandeln beigeben, weiterrühren.
- Ananasstückchen vorsichtig dazurühren.
- Die verschiedenen Mehle, Maisstärke, Flohsamen und Backpulver separat gut miteinander mischen, dann ebenfalls dazugeben und zu einem Teig verrühren.
- Teig in eine eingefettete Springform füllen.
- Im vorgeheizten Backofen circa 55 Minuten bei 180 Grad auf der zweiten Rille von unten backen.
- Auf dem Kuchengitter auskühlen lassen.
- Nach Belieben mit Puderzucker bestäuben oder mit Glasur bestreichen und garnieren.
- In Folie eingepackt im Kühlschrank 4 Tage haltbar.

Annas Geburtstagskuchen

100 g	Butter
150 g	Vollrohrzucker
1 Prise	Salz
1 Msp	Kurkumapulver
1	Bio-Zitrone, Schale abgerieben
100 g	Apfel, ohne Schale geraffelt
150 g	Hirsemehl
100 g	Vollreismehl
50 g	Buchweizenmehl
50 g	Maismehl
2 KL	Guarkernmehl
2 KL	Backpulver phosphatfrei
1,5 dl	Hirse- oder Reis-Drink
3–4	kleine Äpfel (mild, süsslich z. B. Resi) zur Garnitur, ohne Schale, halbiert, entkernt, lamellenartig fein eingeschnitten
evtl. 2 EL	Quittengelee zum Bestreichen

(Zutaten für Springform mit 22–24 cm Durchmesser)

- Butter in einer Schüssel im warmen Wasserbad mit dem Schneebesen schaumig rühren, dann Zucker, Salz und Kurkumapulver beigeben, weiterrühren.
- Abgeriebene Zitronenschale und geraffelten Apfel beimengen.
- Die verschiedenen Mehle und Backpulver in einer Schüssel separat gut mischen.
- Mehlmischung mit Hirse-Drink abwechselnd beigeben und zu einem Teig verrühren.
- Teig in eine ausgebutterte Springform füllen.
- Die vorbereiteten Äpfel kreisförmig darauf verteilen, ein wenig in den Teig drücken.
- In der unteren Hälfte des vorgeheizten Backofens bei 180 Grad circa 60 Minuten backen.
- Quittengelee in einer Pfanne erwärmen, Äpfel nach dem Backen damit bestreichen.
- Auf dem Kuchengitter auskühlen lassen.

Fruchtwähe

BILD SEITEN 18/19

100 g	Vollreismehl
100 g	Hirsemehl
2 KL	Guarkernmehl
1 Prise	Salz
80 g	Butter kalt, in Stücken
2 EL	Wasser
½ KL	Flohsamen gemahlen oder ganz
3 EL	Agavendicksaft

(Teig für eine Backform von 28 cm Durchmesser)

· Die gemahlenen Flohsamen mit dem Wasser gut verrühren, stehenlassen, bis eine gallertartige Masse entsteht.
· Die verschiedenen Mehle und das Salz in einer Schüssel mischen, Butter beigeben und von Hand zu einer krümeligen Masse verreiben.
· Die gequollenen Flohsamen mit ihrer Einweichflüssigkeit sowie den Agavendicksaft beigeben und rasch zu einem weichen Teig zusammenfügen.
· In Folie eingepackt circa 10 Minuten kühl stellen.
· Teig auf einem Backtrennpapier auswallen, in die Backform legen und einen Rand von 2 bis 3 Zentimeter Höhe formen. Boden dicht mit einer Gabel einstechen und 30 Minuten kühl stellen.

Dieser Teigboden eignet sich für Apfel-, Rhabarber-, Beeren- und Zwetschgenwähen.
Ungesüsst und mit 2 bis 3 Prisen mehr Salz kann dieser Teig auch mit Gemüse belegt werden.

Guss: Rezept Seite 211

Circa 40 Minuten in der unteren Hälfte des auf 200 Grad vorgeheizten Backofens backen. Die gebackene Wähe zuerst 10 Minuten in der Form, dann auf dem Kuchengitter ohne Form auskühlen lassen und frisch servieren.

Wähenguss

1. Variante:

50 g	Tofu natur
2 dl	Soja-Drink natur oder Reis-Drink
	Tofu mit 1 dl Soja-Drink pürieren.
1 EL	Maranta-Tapioka-Mehlmischung oder Maisstärke
2 EL	Vollrohrzucker
2 KL	Vanillezucker

· Zutaten der Reihe nach zusammenmischen und mit dem Stabmixer pürieren.

2. Variante:

2 KL	Johannisbrotkernmehl
2 EL	Vollrohrzucker
2 KL	Vanillezucker
1 dl	Vollrahm
1,3 dl	Wasser

· Johannisbrotkernmehl mit circa 1 dl Wasser anrühren, dann alle restlichen Zutaten beigeben und gut verrühren.

SÜSSSPEISEN

Mocca-Crème.
(Rezept Seite 215)

Früchte-Crème

200 g	Seidentofu
1	Banane reif
¼	Ananas
1 EL	Orangensaft frisch gepresst
1 KL	Zitronensaft frisch gepresst
4 EL	Agavendicksaft
2 KL	Johannisbrotkernmehl in wenig Wasser aufgelöst
3 EL	Peace-Cream oder Soja-Rahm
evtl. 2 KL	Kirsch

· Alle Zutaten mit dem Stabmixer mixen.
· Kühl und mit Ananas garniert servieren.

Schokoladen-Mousse

200 g	Seidentofu
120 g	Feinbitter-Kochschokolade
4 EL	Vollrohrzucker
2–3 EL	Peace-Cream oder Soja-Rahm
evtl. etwas	Rum
	Kokosnussraspel zum Garnieren

· Die zerkleinerte Schokolade mit einem Esslöffel Wasser in einer Pfanne schmelzen.
· Alle Zutaten mit dem Stabmixer mixen, kühl stellen.
· Mit wenig Kokosnussraspeln oder Bananenrädchen oder frischen Birnenschnitzen oder nur mit geschlagenem Soja-Rahm mit Mandelsplittern oder Pistazienkernen garnieren.
· Kalt servieren.

Mocca-Crème

BILD SEITE 212

3 dl	Reis-Drink
1 dl	starker Espresso
½ dl	Vollrahm
2–3 EL	Vollrohrzucker
1 KL	Johannisbrotkernmehl
1 ½ EL	Maisstärke

· Johannisbrotkernmehl und Maisstärke mit einem Schneebesen in den kalten Reis-Drink einrühren.
· Espresso und Zucker beigeben und unter ständigem Rühren aufkochen, bis die Crème die gewünschte Konsistenz hat. Rahm beigeben.
· Crème in einer Schüssel auskühlen lassen.
· Vor dem Servieren mit dem Schneebesen nochmals gut durchrühren.
· Mit geschlagenem Vollrahm servieren, nach Belieben mit Schokoladen-Kaffeebohnen garnieren.

Schokoladen-Crème

4 dl	Reis-Drink
½ dl	Vollrahm
2 EL	Vollrohrzucker
1 KL	Johannisbrotkernmehl
1 ½ EL	Maisstärke oder Maranta-Tapioka-Mehlmischung
70–100 g	dunkle Schokolade ohne Milchzusatz

· Maisstärke, Johannisbrotkernmehl und Zucker mit 1 dl Reis-Drink gut verrühren.
· Schokolade in einer Pfanne mit wenig Wasser schmelzen. Restlichen Reis-Drink mit der geschmolzenen Schokolade aufkochen.
· Die Mischung aus Mehl und Reis-Drink vorsichtig einrühren, Vollrahm beigeben, weiterkochen, bis die erwünschte Konsistenz erreicht ist.
· Crème in einer Schüssel auskühlen lassen.
· Vor dem Servieren mit dem Schneebesen gut durchrühren.
· Mit geschlagenem Vollrahm und wenig Schokoraspel garnieren.

Trauben-Crème

6 dl	Roter Traubensaft
3 EL	Reissirup oder
2 EL	Vollrohrzucker
2 EL	Maisstärke
1 KL	Johannisbrotkernmehl

· 5 dl Traubensaft in einer Pfanne aufkochen.
· Maisstärke und Johannisbrotkernmehl separat in einer kleinen Schüssel mischen, 1 dl Traubensaft und Reissirup oder Vollrohrzucker dazugeben, gut verrühren.
· Masse vorsichtig in den kochenden Traubensaft einrühren.
· Unter ständigem Rühren leicht weiterkochen lassen, bis die erwünschte Konsistenz erreicht ist.
· Crème in eine Schüssel geben, mit Klarsichtfolie abdecken, auskühlen lassen.
· Vor dem Servieren mit dem Schneebesen gut durchrühren.

Vanille-Crème mit Beerenkompott

5 dl	Reis-Drink
½	Vanillestengel längs halbiert
3 EL	Vollrohrzucker
2 EL	Maisstärke
1 KL	Johannisbrotkernmehl
1 Msp	Kurkumapulver

· 4,5 dl Reis-Drink mit den zwei Vanillestengelhälften in einer Pfanne aufkochen.
· Zucker, Maisstärke, Johannisbrotkernmehl und Kurkumapulver zuerst in einer Schüssel mischen, den restlichen Reis-Drink kalt dazugeben, gut aufrühren.
· Die Mischung vorsichtig in den kochenden Reis-Drink einrühren.
· Unter ständigem Rühren weiterkochen, bis die Crème die gewünschte Konsistenz hat.
· Vanillestengel herausnehmen. Crème in einer Schüssel auskühlen lassen.
· Vor dem Servieren mit dem Schneebesen gut durchrühren.
· Mit frischen Früchten garnieren.

Dazu passt ein Beerenkompott.

BEERENKOMPOTT

600 g	Brombeeren, Johannis- oder Himbeeren
120 g	Reissirup oder
100 g	Vollrohrzucker
1 dl	Wasser

· Wasser mit Reissirup aufkochen, Hitze reduzieren. Beeren dazugeben.
· Circa 5 Minuten köcheln lassen.
· Heiss oder kalt servieren.

Schokoladen-Crème

FRUKTOSEFREI

4 dl	Reis-Drink
8 EL	Reissirup
2 EL	Kakaopulver
1 KL	Johannisbrotkernmehl
1 ½ EL	Maisstärke
½ dl	Soja-Rahm

- 3 dl Reis-Drink, Reissirup und Kakaopulver unter Rühren mit dem Schneebesen aufkochen.
- Johannisbrotkernmehl und Maisstärke mit dem restlichen Reis-Drink aufrühren, beigeben. Unter Rühren weiterkochen, bis die gewünschte Konsistenz erreicht ist.
- Am Schluss Soja-Rahm dazugeben, verrühren.
- Crème in einer Schüssel auskühlen lassen.
- Vor dem Servieren mit dem Schneebesen gut durchrühren.
- Nach Belieben mit geschlagenem Soja-Rahm garnieren.

Früchte-Glace

1 kg	Aprikosen oder Pfirsich oder Pflaumen oder Zwetschgen
nach Belieben	Vollrohrzucker
3,5 dl	Wasser

· Früchte waschen, häuten, entkernen und grob zerkleinern mit 3,5 dl Wasser aufkochen, Zucker beigeben und weitere 5 Minuten leicht köcheln lassen. Die Pfanne vom Herd nehmen und die Masse pürieren, erkalten lassen.
· Früchtepüree in Glace-Formen abfüllen und mindestens vier bis sechs Stunden ins Gefrierfach stellen.
· Vor dem Servieren die Formen kurz ins warme Wasser tauchen und das Glace vorsichtig herauslösen.

Hinweis: Zwei oder drei verschiedenfarbige Fruchtpürees zubereiten und abwechselnd Schicht um Schicht in die Glace-Formen füllen, dann tiefkühlen.

Himbeer-Orangen-Glace

350 g	Himbeeren oder andere Beeren und Früchte
3 EL	Reis-Sirup oder Honig
2-3 EL	Agavendicksaft
3 dl	Orangensaft frisch gepresst

· Himbeeren im Mixer pürieren und durch ein Sieb streichen. Reis-Sirup und Agavendicksaft beigeben, gut unterrühren.
· Die fertige Mischung und den Orangensaft schichtweise in die Glace-Formen füllen: Jede Schicht muss gefroren sein, bevor die nächste Schicht eingefüllt werden kann.
· Mindestens vier bis sechs Stunden ins Gefrierfach stellen.
· Vor dem Servieren die Formen ein paar Sekunden ins heisse Wasser tauchen, das Glace herauslösen.

Griessköpfli

150 g	Hirsegriess
1 Liter	Hirse-Drink
½	Vanillestengel aufgeschnitten oder Zitronenschale abgerieben
100 g	Vollrohrzucker
½ KL	Salz
100 g	Johannisbeeren frisch oder tiefgefroren oder Sultaninen
evtl. wenig	Nüsse feingehackt
	Johannisbeer-Kompott oder Beeren- bzw. Früchtekompott

· Hirse-Drink mit Vanillestengel oder Zitronenschale erhitzen, den Griess einrühren. Vanillestengel mit einer Gabel herausnehmen, Salz und Zucker beigeben, auf sehr kleiner Hitze circa 10 Minuten unter Rühren kochen.

· Zum Schluss die Beeren und eventuell Nüsse beigeben, gut mischen und in eine Form oder in Portionenförmchen einfüllen, erkalten lassen.

· Form bzw. Formen stürzen und mit Johannisbeer-Kompott oder Beeren- bzw. Früchtekompott servieren.

Hinweis: Anstelle von frisch zubereitetem Kompott kann man Frucht- bzw. Beerensaft oder -sirup oder mit wenig Wasser kurz aufgekochte Konfitüre verwenden.

Hirse-Pudding mit Sanddorn

5 dl	Hirse-Drink
10 Stk	Datteln ohne Stein
100 g	Hirseflocken fein
3 EL	Agavendicksaft
1 Msp	Kardamompulver
5 EL	Sanddorn-Vital-Saft ohne Zucker
2 EL	Vollrahm oder Soja-Rahm

· Datteln mit Hirse-Drink aufkochen. Hirseflocken und Kardamom dazugeben, Hitze reduzieren und unter Rühren circa 5 Minuten weiterköcheln lassen. Danach etwas abkühlen lassen, den Sanddornsaft und Agavendicksaft beigeben und pürieren. Je nach gewünschter Konsistenz mehr Hirse-Drink dazugeben.

· Einige Stunden kühl stellen. Mit geschlagenem Vollrahm oder Soja-Rahm und feingeschnittenen Dattelschnitzen servieren.

Hinweis: Anstelle von Sanddornsaft und Datteln kann man frische Himbeeren oder Erdbeeren mit 1 zusätzlichem EL Agavendicksaft oder Himbeer- bzw. Erdbeerkonfitüre verwenden.

Himbeershake.
(Rezept Seite
226)

Mandel-Drink

200 g	Mandeln
2 EL	Agavendicksaft oder Birnel oder Ahornsirup
2 Prisen	Salz
1 l	Wasser

· Die Mandeln waschen, dann einen halben Tag in 2 Tassen Wasser einlegen, zudecken.
· Das Einweichwasser abschütten, die Mandeln nochmals unter fliessendem Wasser abspülen und mit 2 Tassen Wasser und den übrigen Zutaten pürieren.
· Das restliche Wasser nach und nach dazugeben, weitermixen.
· Je nach Verwendungszweck absieben.

DIE SCHNELLERE VARIANTE

4 EL	weisses Mandelmus
2 EL	Agavendicksaft oder Birnel oder Ahornsirup
2 Prisen	Salz
1 l	Wasser

· Die Zutaten mit dem Schneebesen zu einer feinen Milch verrühren oder mit dem Stabmixer kurz mixen.

Mandel-Drink kann als Grundlage für sämtliche Shakes oder als Flüssigkeitsbeigabe zu Getreideflocken (Müesli) verwendet werden.

Getreide-Drink

250 g	Vollreis oder Hirse gekocht
1 l	Wasser
3 EL	Agavendicksaft oder Reis-Sirup oder Ahornsirup
2 Prisen	Salz
evtl. 1 KL	Vanillezucker

· Alle Zutaten miteinander mixen und je nach Verwendungszweck absieben.

Reis-, Hirse-, Hafer-, Dinkel- und Gerste-Drink können je nach Rezept als Grundlage für Shakes oder als Flüssigkeitsbeigabe zu Getreideflocken (Müesli) verwendet werden.

Bananenshake

5 dl	Vollreis-Drink natur oder Hirse-Drink oder Soja-Drink
1 EL	Mandelmus
1	reife Banane
evtl. ½ KL	Vanillezucker

Alle Zutaten miteinander mixen.

Himbeer- oder Erdbeershake

BILD SEITE 222

5 dl	Vollreis-Drink
3 EL	Mandelmus
200 g	Himbeeren oder Erdbeeren
2-3 EL	Agavendicksaft

· Beeren waschen, rüsten.
· Alle Zutaten miteinander mixen.

Schokoshake

5 dl	Mandel-Drink oder Vollreis-Drink
2 KL	Mandelmus
1 EL	Kakaopulver oder Carobpulver
2 EL	Vollrohrzucker

Alle Zutaten miteinander mixen.

Kokosshake

5 dl	Mandel-Drink oder Vollreis-Drink
1 KL	Mandelmus
3 EL	Kokosraspel
2 EL	Agavendicksaft oder Birnel

Alle Zutaten miteinander mixen.

Orangen-Sesamshake

5 dl	Hirse-Drink oder Vollreis-Drink
3 El	Tahin ohne Salz oder Cashewmus
2 dl	Orangensaft frisch gepresst
3 EL	Agavendicksaft

Alle Zutaten miteinander mixen.
Schmeckt gekühlt erfrischend.

Moccashake

3,5 dl	Vollreis-Drink
1 dl	starker Espresso
0,5 dl	Vollrahm oder Soja-Rahm
1 KL	Vanillezucker
2 EL	Vollrohrzucker

Alle Zutaten miteinander mixen.

Stichwortverzeichnis

Produzentenadressen

www.biofarm.ch

Biohof: Einkaufen auf dem Biohof
www.knospehof.ch

Demeter-Produkte, www.demeter.ch

Erboristi Lendi, www.erboristi.ch

Erdmandelprodukte, www.govindanatur.de

Fibrex, www.pastaavanti.ch

Kanne Brottrunk
www.kanne-brottrunk.ch

Morga AG, www.morga.ch

Naturkorn Mühle Werz, www.vollwertcenter.de

NaturKraftWerke, www.naturkraftwerke.com

Probios srl Campi bisenzio, Firenze
www.probios.it

Rapunzel-Produkte, www.rapunzel.de

Schweizer Rheinsalinen, www.rheinsalinen.ch

Soyana, www.soyana.ch

Steinsalz, www.naturhurtig.de

Tofu, www.engel-tofu.ch

Valpiform, www.valpiform.com

Vanadis AG, Staufferstrasse 2, 5703 Seon

Vitagen: www. vitaquell.de, info@vitaquell.de
Vertrieb Bio Partner Schweiz AG

Vitarina GmbH, www.vitarina.ch

Voelkel-Fruchtsäfte, www.voelkelsaft.de

Wasser: www. lauretana.ch
Wasser: www.heidilandwater.ch

www.bio-suisse.ch
www.bioverita.ch
www.demeter.ch
www.kagfreiland.ch
www.naturata.de oder ch
www.spielberger-kg.de
www.vierpfoten.ch
www.wwf.ch/de/tun/tipps_fur_den_alltag/essentrinken/labels

Die Autorin

Susanne Balázs, 1966 in Trogen geboren, ist im Appenzellerland aufgewachsen. Heute lebt sie mit ihrer Familie in Rorschacherberg. Als gelernte Drogistin wie als Familienfrau weiss sie um die grosse Bedeutung der Ernährung für die Gesundheit und das Wohlergehen.